THE COFFEE ROASTER'S
COMPANION

COFFEE

커피로스팅

스콧 라오 지음

최익창 옮김 | 서필훈 감수

COFFEE LIBRE

나와 리즈 클레이튼(Liz Clayton)은 이 책에 자신들의 로스팅 설비 사진을 실을 수 있도록 허락해 준
Cafe Grumpy, Stone Street Coffee, Gillies Coffee Company, Pulley Collective, Intelligentsia Coffee, Irving Farm Coffee Roasters,
Dallis Bros. Coffee에 감사 드린다.

나는 이 책에 정확한 내용을 싣기 위해 최선을 다했으나 그럼에도 오류나 부정확한 내용이 있을 수 있다.
이 부분에 대해서는 책임을 지지 않음을 밝힌다.

• 본문 중에 나오는 숫자 표시(커피[25])는 참고문헌 미주입니다.
• 본문 중 주황색으로 표시된 단어는 용어 색인에 뜻풀이를 실었습니다.

이론 없는 실험은 맹목적이다.
실험 없는 이론은 지적 유희일 뿐이다.

– 임마누엘 칸트

감사의 말

이 책을 내기까지 여러 전문가들의 도움을 받았다. 특히 라이언 브라운(Ryan Brown)이 없었다면 생두 부분은 제대로 완성하지 못했을 것이다. 이 책에 생두 정보가 담길 수 있었던 것은 그가 자신의 깊이 있는 지식과 정보를 나에게 차근차근 가르쳐 준 덕이다.

앤디 섹터(Andy Schecter), 리치 니에토(Rich Nieto), 이안 레빈(Ian Levine), 마크 위닉(Mark Winick), 리즈 클레이튼(Liz Clayton), 빈스 페델(Vince Fedele)은 초고의 편집과 수정에 큰 기여를 했다. 에릭 스벤슨(Eric Svendson)과 헨리 슈발츠버그(Henry Schwarzberg)는 고맙게도 써모커플 실험 자료를 제공해 주었다. 리즈 클레이튼은 멋진 사진을 찍어 주었고 통찰력 있는 조언으로 편집에 도움을 주었다. 제닌 애니코(Janine Aniko)는 내가 엉성하게 그린 그래프를 멋진 그래픽 자료로 바꾸어 주었다.

레베카 네이마크(Rebecca Neimark)는 책 디자인과 정장을 우아하게 꾸며 주었다. 책임 편집자이자 코치인 진 지머(Jean Zimmer)는 진부한 문체를 정돈해 멋진 문장으로 만들어 주었다. 이 두 사람이 없었다면 출판을 꿈꾸지 못했을 것이다.

돌이켜 보면 이 모든 것은 제임스 마르코트(James Marcotte) 덕분이다. 20여 년 전 어느 날, 그가 멋진 로스팅을 해 준 덕분에 나는 커피를 사랑하게 되었다. 그가 이룩한 경지에 도달한 로스터는 여전히 드물다.

머리말

커피 로스팅은 마치 어둠의 마법 같았다. 인류가 커피를 볶은 것은 수백 년도 넘게 이어져 온 일이지만, 로스팅에 대해 통찰력 있는 관점으로, 말하자면 과학적으로 서술한 글은 거의 없었다. 잘해봐야, 실력 있고 경험 많은 로스터 밑에서 수련을 받으며 자신의 로스팅을 익히는 것이 전부였다. 최근에는 젊은 로스터들이 시행 착오와 수많은 로스팅, 커핑 경험을 통해 스스로 학습을 거쳐, 구전이나 그럴싸한 논증을 보태어 자신의 로스팅 공식을 만들고 있다.

나 또한 로스팅을 시작하고 10년을 시행착오를 겪으며 허비했다. 이때는 "이 보 전진을 위한 일 보 후퇴"의 기간이었다고 할 수 있다. 나는 내가 갖고 있는 로스팅에 대한 확신이 합리적인 것이기를 바랐다. 즉 블라인드 테스트로 검증할 수 있고, 커피 종류와 로스터 종류를 막론하고 적용할 수 있어야 한다고 생각했다.

로스팅 업체 두 곳을 운영하면서부터 여러 로스팅 업체들을 컨설팅하게 되었는데 이는 나에게 큰 기회였다. 많은 로스터(coffee-roasting machine)들을 사용해 보면서 로스팅과 테이스팅에 대한 여러 접근법을 확인할 수 있었다. 컨설팅의 일환으로, 많은 로스팅 자료를 분석하고 고객이 최선의 작업 상황을 계량화할 수 있도록 도왔다. 그리하여 6년 전쯤 마침내, 나는 아주 예외적으로 탁월한 로스팅 배치들이 보여주는 데이터가 커피콩이나 로스터와는 관계 없이 일정한 패턴을 따른다는 것을 깨달았다. 이후 지금까지 나는 그 패턴을 검증하고 다듬어서 이 책에서 보여주고자 하는 기본 공식을 만들었다.

내가 로스팅에 대해 모르는 것이 없다는 뜻은 아니다. 다만 커피 로스팅에 대한 대화는 진작부터 시작되었어야 하고, 부족하긴 해도 이 책을 통해 지금부터 시작하자는 것이다. 물론, '커피 로스팅이란 체계적이고 객관적이며 증거에 기반해 접근해야 한다'고 단순하게 주장한다면 많은 커피 전문가들이 반발할 것이다. 로스팅에 대한 특별한 감각이 자신들의 커피를 훌륭히 만든다고 생각하는 로스터들이 적지 않기 때문이다. 그러나 최근 기술 발달이 이루어지면서 로스팅의 발현과 일관성을 측정할 수 있게 되었고 소위 직감으로 밀어붙이는 로스터들의 결과물들은 대개 무언가 부족한 것으로 확인되고 있다.

데이터 기록 프로그램과 굴절계(refractometer)라는 막강한 도구의 등장으로 로스터들은 작업의 결과를 추적, 측정할 수 있게 되었다. 이는 로스팅 과정을 보다 예측하기 쉽고 일관성 있게 만들었다. 사실 나조차도 로스팅하면서 수많은 조작들과 노트 기록을 동시에 하느라 매 배치마다 50번도 넘게 로스터와 기록지를 오가야 했던 시절에 대한 향수가 있다. 컴퓨터 화면에 로스트 프로파일(roast profile)이 떠오르는 모습을 지켜보는 것은 추억 어린 옛 방식과는 차이가 크다. 하지만 로스팅은 나 혼자 즐기기 위한 것이 아니라 내가 만들 수 있는 최고의 맛있는 커피를 고객에게 제공하기 위한 작업이다. 가끔씩 내가 손님이라도 된 느낌으로 조용히 앉아 커피를 음미해 볼 때가 있다. 그리고 그 커피에 아주 만족하곤 한다.

차례

도입

이 책은 초보 로스터와 전문 로스터 모두에게 참고서가 될 것이다. 이를 위해, 나는 스페셜티 커피를 배치형 드럼 로스터로 8-16분간 볶는, 약-중 로스팅 작업에 초점을 두려 한다. 또한 이 책에서 논하는 내용 대부분은 연속식 로스터(continuous roaster), 고수율 로스터(high-yield roaster), 유동층 로스터(fluid-bed roaster) 및 여타 로스팅 머신에도 적용할 수 있다. 다만 이런 로스터에 대해서 직접적으로 언급하지는 않을 것이다.

나는 독자 여러분이 이 책의 어느 한 방법론에 치중하기보다는 책 전체 내용을 공부해 주길 바란다. 앞서 책을 펴낸 경험으로 보건대, 마음에 드는 어느 한 부분에만 집중하는 경우, 큰 그림을 놓치고 일부 권장사항을 잘못 적용하기 쉽다.

커피로스팅

THE COFFEE ROASTER'S COMPANION

1 로스팅은
왜 하는가

커피콩은 커피나무 열매에서 얻어낸 씨앗이다. 씨앗은 대개 한 열매에 두 개씩, 평평한 한 쪽 면이 서로 마주보는 형태로 들어 있다. 이 커피콩을 가공하지 않은 녹색 상태, 즉 생두 상태 그대로 뜨거운 물에 담그면, 소위 커피의 맛과 향으로 생각할 수 있는 성분은 거의 녹아나오지 않는다.

생두를 볶는다는 것은 복잡한 화학적 변화와 수천 가지 성분의 형성과 분해를 일으키는 과정이다. 로스터는 볶은 커피콩을 분쇄한 뒤 뜨거운 물에 담갔을 때 아름다운 향미가 나타나기를 원한다. 로스팅이 만들어내는 커피콩의 변화는 다음과 같다.

- 색상이 녹색에서 노란색, 갈색을 거쳐 검은색으로 변한다.
- 크기가 거의 두 배로 커진다.
- 밀도는 절반으로 줄어든다.
- 단맛이 증가했다가 다시 감소한다.
- 신맛이 크게 증가한다.
- 800여 가지 향 성분이 만들어진다.
- 안에 있던 가스와 수증기가 압력을 받아 빠져나오면서 터지는 소리가 크게 난다.

로스팅의 목표는 커피의 수화 화학(soluble chemistry, 물에 녹이는 것과 관련한 화학)으로 나타날 향미를 최적화하는 데 있다. 고체 성분은 물에 녹아 커피 음료의 맛을 만들고, 휘발성 향미 성분과 기름 성분은 기화되어 향을 만든다.[20] 불수용성 고체, 기름, 커피콩의 셀룰로스 입자가 주성분인 부유 입자들은 커피 음료의 바디[20]를 만든다.

단맛과 신맛을 최대화하기 위해서는 커피열매가
잘 익었을 때 수확해야 한다.

열매 안에서 꺼낸, 점액질로 덮여 있는 커피콩

생두 화학

원재료 상태의 커피는 짙은 녹색 씨앗으로 여러 가지 탄수화물이 절반, 물과 단백질, 지질, 산, 알칼로이드가 나머지 절반을 차지하고 있다. 커피를 맛있게 볶기 위해 로스터가 반드시 생두 화학을 자세히 알아야 하는 것은 아니다. 다만 독자 여러분이 생두의 주요 요소에 대해 친숙해질 수 있도록, 아래와 같이 간단하게 정리하고자 한다.

구조

원재료 상태의 커피는 3차원 셀룰로스, 즉 다당류 구조를 이루며, 내부에 100만 여 세포가 자리하고 있다.[10] 이들 셀룰로스 띠를 수백 가지 화학 성분이 뒤덮고 있는데, 로스팅 공정은 이들을 기름 성분과 수용성 물질로 바꾸는 것이다. 이 두 성분이 커피 음료의 향미를 결정짓는다. 생두의 셀룰로스 구조는 자체 건조 무게의 거의 절반을 차지한다.[5] 셀룰로스 자체는 향미를 거의 내지 못하지만, 일부 휘발성 물질을 가두어 향을 만들어 주며, 커피 음료의 점성을 더해 바디를 높여 준다.[5]

당

수크로스(sucrose)가 주성분인 당은 생두 건조 무게비* 6-9%를 차지하며 음료의 단맛을 낸다. 수크로스는 신맛 발현에도 기여하는데, 이는 로스팅 공정 동안 수크로스가 카라멜화되면서 아세트산이 생성되기 때문이다.[2]

지질

지질의 주성분은 트리글리세라이드(triglyceride)로서 생두 건조 무게비 16% 정도를 차지한다.[5] 지질 자체는 물에 녹지 않지만, 커피 음료에는 지질이 일부 들어 있다. 이는 특히 추출방식에 별도의 거름 과정이 없거나(커핑), 투과성이 좋은 필터를 쓸 경우(에스프레소, 프렌치 프레스, 금속 필터나 천 필터를 사용한 드립) 그러하다. 커피 음료에서 지질은 향이 유지시켜 주고 커피의 마우스필(mouthfeel)에 기여한다. 지질 함량이 높은 생두는 대개 품질이 좋다.[3] 그러나 한편으로는

---

* 여기서는 아라비카 품종의 생두 조성에 대해 다룬다. 로부스타 및 기타 커피 품종의 화학 조성은 이와 다른 점이 많다.

품질 유지를 위해 극복해야 할 과제이기도 하다. 산화가 빨라 원두 보관 중 산패로 이어지기
쉽기 때문이다.

단백질

단백질과 자유 아미노산은 생두 건조 무게비 10-13%를 차지한다.[3] 생두의 아미노산과 환원
당(reducing sugar)은 로스팅 과정 중 마이야르 반응(Maillard reaction)이라 알려져 있는 비효소 갈
변 반응으로 상호 작용한다. 이로부터 글리코실아민(glycosylamine)과 멜라노이딘(melanoidin)[18]이
생산되는데, 이들은 커피의 쏩쏠한 단맛(bittersweet), 갈색 색상, 볶은 향, 고기향, 구운 향을 내
는 데 기여한다.

알칼로이드 : 카페인, 트리고넬린

두 가지 알칼로이드인 카페인과 트리고넬린은 각각 생두 건조 무게비 1%를 차지하며, 음료
의 쏜맛을 내고 신체에 흥분 작용을 일으킨다. 커피나무는 해충에 대한 방어 기제로 카페인
을 생성하는데,[7] 이런 점에서 고지대 커피나무는 해충의 공격 위험이 적은 만큼 카페인 함량
이 낮을 것으로 본다.

　　트리고넬린은 아마도 커피의 쏜맛에 가장 크게 영향을 줄 것이다. 또한 로스팅 중에 많은
향 성분을 만들어 내면서 피리딘(pyridine)과 니코틴산(nicotinic acid)으로 분해된다.[3] 니코틴산은
나이아신(niacin), 즉 비타민 B3로도 알려져 있는데, 로스팅 정도에 따라 커피 음료 7온스(200g)
에 20-80ml 들어 있다.[26] 커피의 충치 예방 효과는 바로 이 성분 때문인 것으로 본다.[25]

수분 함량

이상적인 생두 수분 함량은 무게비 10.5%-11.5%이다. 수분 함량이 너무 낮으면 커피콩의
색상이 쉽게 바래고 음료에서 건초(hay, straw)향이 올라온다. 수분이 적은 커피는 빨리 볶아지
기 때문에 조심스럽게 가열해야 한다. 수분 함량이 12%보다 더 높으면 곰팡이가 필 가능성이
높고 젖은 풀내가 날 수 있다. 수분은 커피콩 내부로 열이 전달되는 속도를 느리게 하고[8] 기화
에 필요한 추가 열량을 요구한다. 그러므로 수분이 굉장히 많은 커피콩을 볶을 때는 시간 연
장과 로스팅 화력의 조합을 통한 추가적인 에너지 공급이 필수적이다.

유기산

유기산(organic acid)의 주성분은 클로로겐산(chlorogenic acid(CGA))으로서, 생두 건조 무게비
7-10%를 차지한다. 클로로겐산은 커피의 산미와 시큼한 맛, 떫은 맛, 쏜맛에 기여한다. 로부

스타 커피는 클로로겐산 함량이 많고, 이것이 로부스타가 더 쓴 원인이다. 클로로겐산은 커피콩에도, 커피를 마시는 사람에게도 항산화 효과를 나타낸다.[38] 기타 유기산으로는 시트르산(citric acid), 퀸산(quinic acid), 카페인산(caffeic acid), 말산(malic acid), 아세트산(acetic acid), 포름산(formic acid)이 있다.

가스와 향 성분

휘발성 향 성분이 커피 향을 만든다. 생두에는 휘발성 물질이 200종 이상 존재하지만 이들은 향이 거의 없다. 커피의 향 성분 대부분은 로스팅을 통해서 만들어진다. 현재까지 원두에서 확인된 향 성분은 800종이 넘는다.[8]

3 생두 가공과 저장

이 장은 Ryan Brown과 공동 집필했다.

생두 가공 과정은 음료 품질에 영향을 미칠 뿐만 아니라 커피콩을 볶는 방법에도 영향을 미친다. 가공이 끝난 생두를 로스팅할 때까지 품질을 떨어뜨리지 않고 유지하려면, 포장과 보관 조건을 주의 깊게 살펴야 한다.

주요 가공법

스페셜티 커피의 주요 가공법으로 수세식, 건식, 펄프드 내추럴(pulped natural)이 있다.

수세식(Wet/Washed)

수세식은 다음과 같은 단계를 밟는다.

1. 펄핑(pulping) 작업으로 열매 껍질을 벗겨낸다.
2. 발효하거나 기계를 사용해 붙어 있는 점액질 층을 제거한다.
3. 커피콩을 씻어 점액질을 제거한다.
4. 파치먼트에 싸여 있는 상태로 커피콩을 말린다. 기계를 사용하면 1-2일, 일광 건조시에는 3-16일 걸린다.

건식(Dry/Natural)

내추럴 또는 건식법으로 불리는 이 방식에서는 커피열매가 어느 정도 혹은 완전히 마른 뒤에 수확해서 껍질을 깐다. 또 다른 방법으로 익은 열매를 수확해 말린 뒤 껍질을 제거하기도 한다.

펄프드 내추럴(Pulped Natural)

펄프드 내추럴 방식에서는 열매의 과육만 제거하고 점액질이 붙어 있는 상태로 말린다. 종래 방식을 사용한 건식 커피보다 음료가 더 달콤하고 클린컵이 좋게 나온다.

수세식 커피는 건식 커피보다 깔끔하고 산미가 더 높으며 일관성이 좋아서 일반적으로 평판이 좋다. 수세식 커피는 밀도가 더 높아서 더 강하게 로스팅해야 한다. 건식은 가공에 수 주일씩 걸리기도 하는데, 수세식 커피에 비해 산미는 적고 바디는 묵직하며 흙내음(earthy)이 좀더 많다. 건식은 수세식에 비해 물이 훨씬 적게 들어가기 때문에 물이 부족한 재배지에서 많이 활용한다. 건식 커피는 로스팅 중 더 쉽게 타 버리기 때문에 투입 온도와 가스 세팅을 낮출 필요가 있다.

생두 보관

최근까지 모든 커피는 마대 자루에 담아 컨테이너로 운송했는데 보통 가공 뒤 수 개월 뒤에야 로스터에게 도착했다. 산지에서 커핑하고, '선적 전 샘플'을 커핑할 때까지는 정상이었던 생두가 열악한 보관과 운송을 거쳐 로스터와 수입업자들에게 도착했을 때는 형편없이 품질이 떨어져 있는 경우가 비일비재했다.

　지난 10년 사이, 품질을 중시하는 일부 로스터들이 생두 포장과 운송법에서 혁신을 몰고 왔다. 지금은 많은 로스터들이 – 극소형 로스터까지 포함하여 – 생산자로부터 직접 커피를 사들이고 커핑 정보와 생두 등급 정보를 생산자와 공유하며, 신선도와 품질을 보존하도록 설계한 포장법을 써서 신속하게 운송할 것을 요구하고 있다. 이런 방식의 포장법은 비용이 많이

마대 포장은 생두 포장과 운송 방식 가운데 가장 저렴한 방식이다.

들지만 스페셜티 커피에 지불하는 프리미엄이 날로 증가하고 있기 때문에 충분히 그럴 만한 가치가 있다.

다음은 주요 포장법들이다.

마대는 생두 포장과 운송에 가장 많이 사용하는 포장으로 가장 저렴하다. 재사용할 수 있고 가격이 싸며, 다루는 데 필요한 기술 수준이나 장비는 건조장이나 수출업장 일반기준 정도면 충분하다. 그러나 마대는 수분이나 냄새를 막지 못하기 때문에 운송과 보관 중 커피가 해를 입기 쉽다.

진공 포장은 생두 포장용으로 가장 적합하다. 진공 포장은 수분, 냄새, 산소를 차단해 생두의 호흡을 크게 줄임으로써 생두의 노화를 막는다. 진공 포장 작업 전에는 보관 중 곰팡이 발생을 막기 위해 생두의 수분 활성도를 꼼꼼히 측정해야 한다. 진공 포장 비용은 파운드당 0.15-0.25달러(킬로그램 당 390-660원) 정도로 매우 높다. 또한 특수한 장비와 기술이 필요하고 선적이 늦어지는 경우가 종종 발생하기 때문에 비용과 위험이 따른다.

그레인프로(GrainPro) **및 기타 밀폐식 포장**은 수분과 냄새를 막아 주며 진공 포장에 비해 비용이 저렴하고 사용하기 편하다. 그레인프로의 생두 보존 기간은 마대에 비해서 훨씬 길지만 진공 포장에 비해서는 절반 정도다. 비용은 파운드당 0.05-0.1달러(킬로그램 당 130-260원)다. 품질을 중시하는 로스터에게는 보통 그레인프로가 가장 훌륭하면서 실용적인 선택지이다. 진공 포장과 마찬가지로 그레인프로 또한 곰팡이와 기타 미생물 발생을 막기 위해 포장 전

진공 포장(왼쪽)과 그레인프로 포장(오른쪽)은 모두 수분과 냄새를 차단해 준다.

수분 활성도를 측정하는 것이 중요하다.

냉동은 말 그대로 커피를 진공 포장한 상태에서 0℃ 이하 온도에서 보관하는 것으로 커피 향미는 수 년 동안 완벽하게 보존된다. 어떤 로스터들은 일부 고급 커피를 냉동해서는 '빈티지' 개념으로 공급한다. 그러나 현재로서는 그런 커피들에 대한 소비 수요는 많지 않다. 5년 묵은 커피가 지난 달 도착한 커피만큼이나 맛이 좋을 수 있다는 것은 놀라운 일이다. 그러나 냉동은 돈이 많이 들고, 논쟁의 여지는 있겠지만 자원 낭비이다. 다만 무더운 기후에서라면 대안으로 생각해 볼 만하다. 대부분의 생두는 아주 높은 온도에서 보관할 경우 며칠 만에도 상하기 때문이다.

어떤 포장 방식을 택하든, 로스터는 창고 저장 조건을 연중 일정하게 유지해야 한다. 너무 덥거나 습한 곳, 지면에서 너무 높이 떨어져 공기 온도가 높은 곳, 뜨거운 로스팅 머신 가까운 곳에 보관하는 경우 생두 품질은 빨리 떨어진다.

수분 활성도와 수분 함량

수분 활성도(Aw)는 커피콩이나 여타 음식물에서 물과 고형 물질 사이의 결합 강도를 측정하는 단위이다.(보다 기술적인 정의는 책 뒤편의 용어사전을 참조) 수분 활성도 수치는 수분이 얼마나 쉽게 커피콩 안팎으로 이동할 수 있는지를 알려 준다. 이는 곧 보관 중인 커피콩이 어떻게 외부 환경과 상호 작용하는지, 보관 중 얼마나 빨리 커피콩의 품질이 떨어지는지를 알려준다.

수분 활성도는 수분 함량과는 다르다. 수분 함량은 생두 속 물의 무게비(%)로 나타낸다. 수분 활성도와 수분 함량은 비례 관계이지만 수분 함량이 12%를 넘어서면 상관성이 떨어진다. 두 지표 모두 음료 품질뿐만 아니라 보관 중 생두의 품질 하락 및 미생물 증식에 영향을 미친다.

나는 아직 수분 활성도가 음료 품질과 큰 연관성이 있다고 공식 발표된 연구를 본 바가 없다. 다만 개인적으로 존경하는 수입업자들 그리고 생두 구매자들로부터 얻은 비공식적 설문 자료에 따르면 최적 수분 활성도는 0.53-0.59이다. 수분 함량에 대해서는 자료가 더 많다. 경험한 바로는, 수분 함량이 10.5-11.5%인 생두를 구매하는 것이 좋다. 이 정도 수분 함량을 가진 커피를 20-22℃ 정도의 온도와 45-50%의 습도를 유지하는 환경에서 보존하는 것이 품질 유지에는 최적이다. 밀봉 포장된 커피콩들은 낮은 온도에서 보관하면 더 좋겠지만 로스팅 전 며칠 전까지는 실온화해야 한다.

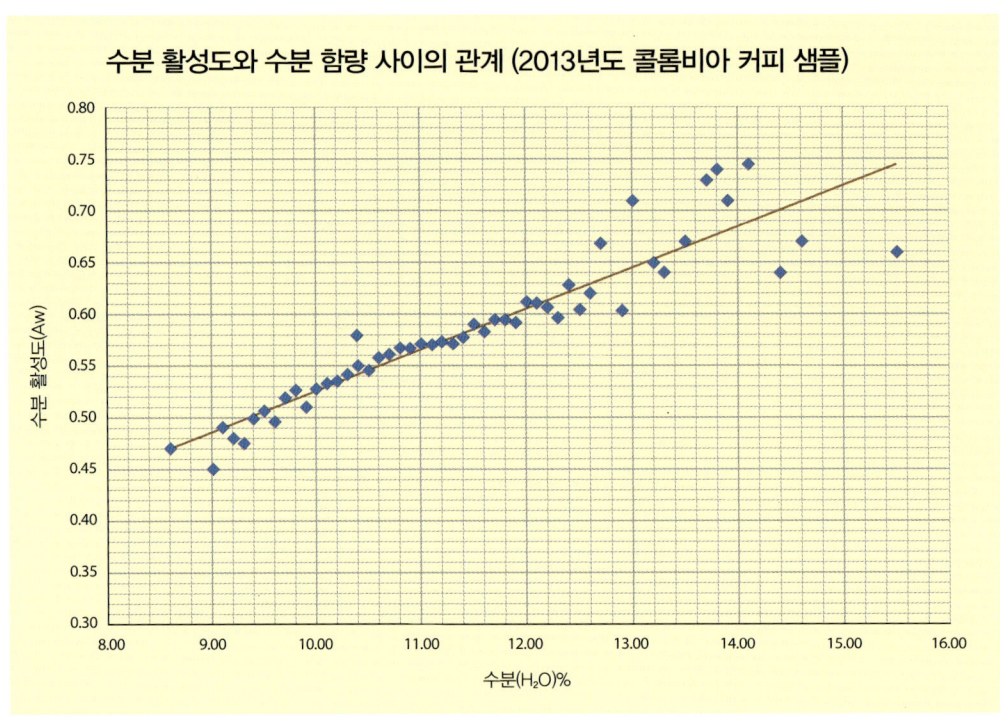

수분 활성도와 수분 함량 사이의 관계 (2013년도 콜롬비아 커피 샘플)

이 그래프는 수분 함량이 12% 이상이면 수분 활성도와 수분 함량의 관련성이 떨어짐을 보여 준다. (Virmax Café의 허락을 얻어 재가공함)

제철

최근 들어 로스터들은 '제철' 커피만을 공급한다는 것을 강조하고 있다. 그러나 다른 것도 그렇겠지만 커피 산업에서는 제철에 대해 합의된 개념이 없다. 어떤 사람들은 가장 최근 수확이면 제철이라고 생각하고 어떤 사람들은 수확 뒤 임의로 정해 놓은 기간을 제철이라 본다.

나는 친구이자 전문 커피 바이어인 라이언 브라운에게 제철의 의미를 물어 본 적이 있다. 그는 "제철을 신경 쓰는 이유는 음료 품질 때문이다. 음료가 생동감 있고 견고한 산미를 보여 주며 묵었다는 느낌(종이맛, 커피포대 맛 bagginess, 떫은 맛 dryness, 유기물 손실 등)이 나지 않는다면 제철이라고 보아야 한다. 이 말은 의미가 복잡할 이유가 없다."라고 말하였다.

4

로스팅 중
물리적 변화

로스팅을 통해 커피는 색이 변하고 수분이 줄어들며 크기가 커지고 부서지기 쉬운 상태가 된다. 로스팅의 진행 정도는 모든 전문가들이 색상을 기준으로 표기하지만 특정 로스팅 용어가 정확히 어떤 수준의 로스팅을 말하는지에 대한 합의된 기준은 없다.

색상 변화

로스팅 첫 단계는 통상 "건조 단계"로 알려져 있지만, 사실 수분 감소율은 로스팅 과정 내내 거의 일정하다. 로스팅 시작 처음 수 분 동안 커피콩의 엽록소가 분해되면서 색상이 녹색에서 노란색으로 바뀐다. 로스팅이 더 진행되면 색상은 노란색에서 황토색, 다시 밝은 갈색으로 바뀌는데 이는 마이야르 반응(maillard reaction) 때문이다. 로스팅 후반부에는 1차 크랙이 진행되면서 점차 짙은 갈색이 되는데, 주 원인은 카라멜화(caramelization)이다. 다크 로스트에서는 탄화(carbonization)가 일어나면서 커피콩이 검게 변한다.

로스팅 중 커피콩은 녹색에서 노란색, 황토색에서 갈색으로 색이 바뀌며, 여기서 로스팅을 더 진행하면 검게 된다. 로스팅 정도를 나타내는 용어 체계는 합의된 것이 없어서, 어떤 로스터는 라이트 로스트(light roast)라 하는 것을 다른 로스터는 풀시티(full city)라 표현할 수도 있다.

배전도에 대한 고전적 정의

앞쪽의 커피콩 사진은 프렌치 로스트로 로스팅하는 과정을 1분 간격으로 찍은 것이다.

라이트 로스트는 산미, 꽃, 과일 향미가 나고 다크 로스트에 비해 향이 섬세하며 바디는 가볍다. 다크 로스트는 스모키하고 자극적이며 쓰고 탄화된 듯한 향미가 난다. 마지막 단계까지 로스팅하면 탄내가 주도적인 향미가 되며 바디는 가벼워진다.

커피 산업 내에 배전도에 대한 합의된 용어가 없다 보니 로스터와 소비자 모두에게 혼동을 불러 일으킨다. 이 책에서 정리한 내용만이 배전도에 대한 '올바른' 정의라고 주장하는 것은 아니지만, 아래와 같은 표현이 다양한 배전도 및 색상에 대한 일반적이고 합리적인 설명이라고 생각한다.

시나몬

시나몬(cinnamon)* 로스트는 대개 1차 크랙 초반에 배출한다. 풋내와 덜 익은 맛, 땅콩을 연상시키는 향미가 나기 때문에 이를 원하는 소비자는 거의 없다. 다만 중량 감소가 매우 적기 때문에 일부 대형 업체들이 가격에 민감한 소비자들을 상대로 판매할 때 시나몬 로스트를 선호하기도 한다.

음료의 향과 맛 : 신맛이 매우 강함, 풋내와 땅콩을 연상시키는 향미. 풀내음, 꽃향. 바디는 매우 가벼움.

시티

시티 로스트는 1차 크랙 마지막 단계 또는 1차 크랙을 갓 지났을 때 배출한다. 바디가 가볍고 산미가 강하다. 시티 로스트는 현재 실험적인 로스터들, 소위 '제3의 물결 세대'** 로스터들 사이에서 유행을 일으키고 있다. 전통적으로 북유럽 국가에서는 시티 로스트가 표준적인 배전도였다.

음료의 향과 맛 : 산미, 와이니, 달콤함(특히 잘 볶았을 경우), 주스 같은 느낌, 꽃향과 과일향, 약간의 카라멜, 가벼운 바디. 제대로 로스팅되지 않으면 풋내와 신레몬, 시큼한 느낌이 날 수 있다.

---

* 시나몬이란 맑은 원두의 색과 관련이 있을 뿐 향미와는 무관하다.

** 2000년에 수입업자 티모시 캐슬(Thymothy Castle)은 커피 품질에 초점을 두자는 운동에 대해 "제3의 물결"이리 이름 붙였다. 그에 따르면 제1의 물결은 대형 산업체 형태의 로스터에 대한 첫 번째 현대적 대안으로서, 1960년대와 70, 80년대에 등장한 품질을 중시하는 진취적 커피업체의 출현이다. 제2의 물결은 80년대와 90년대에 출현한, 보다 비즈니스적이고 이익을 추구하는 고품질 커피 업체다. 제3의 물결은 이들 제2의 물결이 보여준 타협적 태도에 반기를 들고 새롭게 커피 품질에 전

풀시티

2차 크랙 직전에 배출한 것으로 표면에 기름기가 있다. 보통 풀시티 로스트라 한다. 부드러운 산미와 감미로운 카라멜 향미, 중간 정도의 바디가 기분 좋은 균형을 이루고 있어 많은 소비자들이 선호한다.

음료의 향과 맛 : 카라멜 느낌, 잘 익은 과일 향미에 중간 정도의 바디

비엔나

비엔나 로스트는 2차 크랙 초기, 기름기가 원두 표면으로 이동하기 시작할 무렵 배출한다. 스타벅스가 공급하는 커피의 표준 배전도는 이보다 약간 더 강하게 볶은 비엔나 로스트이다.*

음료의 향과 맛 : 쌉쌀한 단맛. 카라멜 느낌, 자극적, 간혹 견과 느낌(nutty) 및 스파이시한 느낌, 바디는 무겁고 걸쭉한 느낌.

프렌치

프렌치 로스트는 자극적이면서 쌉쌀한 단맛, 탄화된 듯한 향미를 내는 기름기 있는 원두의 배전도를 나타낸다. 이 정도로 많이 볶으면 커피 고유의 특성을 탐지하기 어려워진다.

음료의 향과 맛 : 탄 느낌, 쓴맛, 스모키. 미미한 카라멜 느낌, 바디는 무겁거나 중간 정도. 프렌치 로스트일 때 바디는 가장 무겁고 이후 로스팅을 더 진행할수록 바디는 가벼워진다.

이탈리안

이탈리아 로스터 대부분은 미디엄 로스트 수준에서 커피를 배출한다. 그러나 어쩐 일인지 아주 어두운 색상에 기름이 가득 배어나와 가장 쓰고 탄화된 배전도를 이탈리안 로스트라 부른다. 이탈리안 로스트는 음용할 즈음 대부분 산패되는데 이는 커피콩의 셀룰로스 구조가 부서져 있어 산화가 빨리 일어나기 때문이다.

음료의 향과 맛 : 탄내, 스모키, 산패한 느낌, 탄화된 느낌, 중간 정도의 바디

넘하고자 했다. 지금 제3의 물결이란 말은 캐슬이 언급한 원래 의미를 넘어 보다 약한 로스트를 선호하는 업체, 최신 유행을 따르는 이들이 주문에 맞추어 즉석 제조하는 커피를 언급하는 데에도 사용한다.

* 대부분의 커피 전문가들과 제3의 물결에 해당하는 로스터들은 풀시티와 비엔나 로스트에 대해 눈살을 찌푸리지만, 나는 이를 '대중을 기쁘게 하는 것'이라 생각한다. 비평가들은 로스팅 정도가 약해야 커피콩의 고유한 특성이 빛을 발하며, 풀시티나 강배전은 커피의 산미와 섬세함을 매우 무디게 한다고 주장한다.

시나몬 로스트

시티 로스트

풀시티 로스트

비엔나 로스트

프렌치 로스트

이탈리안 로스트

구조 변화

생두의 미세 구조는 기름에 둘러싸인 셀룰로스 구조체가 제법 규칙적으로 빽빽히 모여 있는 형태다.[10] 커피를 볶으면 수증기와 이산화탄소가 발생하면서 커피콩 내 압력이 높아지는데, 이로 인해 커피콩의 구조가 커지고 공극이 벌어진다. 1차 크랙이 일어나기 2분 전쯤에는 커피콩 팽창으로 인해 센터 컷의 접힌 부분에 끼어 있던 채프가 떨어져 나간다. 셀룰로스 구조가 더 이상 커지지 않는 순간, 커피콩 내부에서 균열이 일어나고 표면에서 수증기와 가스가 급격히 뿜어져 나오면서 터지는 듯한 1차 크랙의 소리를 만들어 낸다.

라이트 로스트 내지 미디엄 로스트를 원하는 스페셜티 커피 로스터들은 1차 크랙이 끝나는 무렵에서부터 2차 크랙이 시작하기 전까지의 기간 동안 커피를 배출한다. 1차 크랙 이후 기체 생성이 계속되면서 커피콩 세포 내 압력은 다시금 커진다. 이와 함께, 커피콩 구조는 보다 약해지면서 2차 크랙 단계로 진입한다. 1차 크랙의 주 원인이 수증기압인 데 비해, 2차 크랙의 주 원인은 누적된 이산화탄소 압력이다. 2차 크랙이 시작하기 직전 또는 막 시작한 뒤, 커피콩 표면으로 기름이 흘러 나오는데 대부분의 로스터들은 이런 기름기가 다크 로스트를 나타내는 객관적 지표라고 본다.

2차 크랙 중 배출한 커피. 표면에 기름기가 있고 균열이 있음에 주목

커피콩 내부의 발현

크랙 단계를 거치며 커피콩이 팽창하고 수증기와 기체가 방출되면서 커피콩 내 셀룰로스 구조는 약해진다. 공극은 더 커지고 콩은 부서지기 쉬운 상태가 된다. 더 많이 볶을수록, 공극이 더 많아질수록, 더 부서지기 쉬워질수록 커피는 더 많이 발현한다. 분쇄 품질과 추출 수율을 올리고 좋지 않은 짭짤한 향미를 없애려면 커피콩 내부 발현이 충분히 이루어져야 한다.

로스팅 중 커피콩의 내부 발현은 외부 발현보다 늦게 진행된다. 로스터는 커피콩의 바깥 부분이 목적한 색에 도달했을 때 내부 또한 충분히 로스팅되도록 공정을 능숙하게 관리해야 한다. 라이트 로스트에서 내부와 외부의 색상 편차를 거의 인식 하지 못할 정도가 되어야 이상적이다. 로스팅을 더 강하게 할수록 색상 편차가 조금씩 더 커지는 것은 괜찮다. 이 과정을 통해 커피콩 내부는 최소한의 발현 정도가 담보된다. 나는 이 책 전체를 통해 커피콩 내부 발현의 최적화를 위한 전략을 논의하려 한다.

커피콩의 크기, 밀도, 무게 감소

커피콩은 초기 수분 함량, 로스팅 정도, 커피콩 내부의 변화 등에 따라 로스팅 중 무게가 12-24% 줄어든다. 음료로 마실 때 맛이 괜찮은 정도로 볶는다면, 가장 약한 로스트는 아마도 1차 크랙이 끝날 무렵 배출된 것으로 무게 손실은 통상 11-13%이다.*

1차 크랙이 끝나고 30초쯤 지나면 무게 감소는 대략 14-16%, 2차 크랙이 시작될 즈음에는 17-18% 정도다. 기름기가 도는 정도의 다크 로스트는 22% 이상이다. 스페셜티 시장은 요즘 라이트 로스트가 대세인지라 감소 중량비는 평균 14-16% 정도다.

라이트 로스트에서는 무게 감소분의 최대 90%를 수분이 차지한다. 나머지는 주로 이산화탄소를 포함한 유기물과 일부 채프(커피생두에서 떨어져 나온 껍질, 먼지 등) 조각, 일산화탄소, 질소, 휘발성 향 성분, 휘발산이 차지한다. 로스팅이 진행되면서는 유기물 손실이 많아진다.. 미디엄 로스트에서는 유기물 손실이 5-8%이고 매우 강한 다크 로스트에서는 12%까지 차지한다.[5] 무게 감소와 더불어 부피 팽창은 150-190%까지 일어난다. 무게 감소와 부피 증가로 인해 밀도는 거의 절반 가까이 떨어진다.

---

* 이 예상치는 생두의 수분 함량을 10-12%로, 로스팅 시간은 11-12분으로 가정한 것이다. 실제 무게 감소는 상당히 다양하게 나타난다.

샘플러로 로스팅 중 샘플을 꺼내볼 수 있다.

5 로스팅 화학

커피 애호가에게 로스팅 과정은 마술과 같은 것이다. 단단하고 맛 없던 생두가 매혹적인 향을 방출하는 감미로운 갈색 커피콩으로 바뀌는 것이다. 로스팅 중에는 마이야르 반응과 카라멜화를 비롯한 수많은 반응이 일어나면서 색상은 갈색으로 변하고 수백 가지의 새로운 향미 성분이 발생한다. 또한 로스팅 과정을 통해 커피콩은 쉽게 분쇄될 수 있을 정도로 밀도가 낮아지고 물을 잘 받아들여 수용성 향미 성분이 잘 추출될 수 있도록 공극이 많아진다.

화학 조성의 변화

무게비로 원두의 1/3을 약간 넘는 물질은 수용성이다. 제대로 추출할 경우 원두에서 19-22%(수용성 물질에서는 55-60%로서 여기에 소량의 지질과 셀룰로스 파편, 즉 미분이 더해진다.) 정도가 빠져나온다.

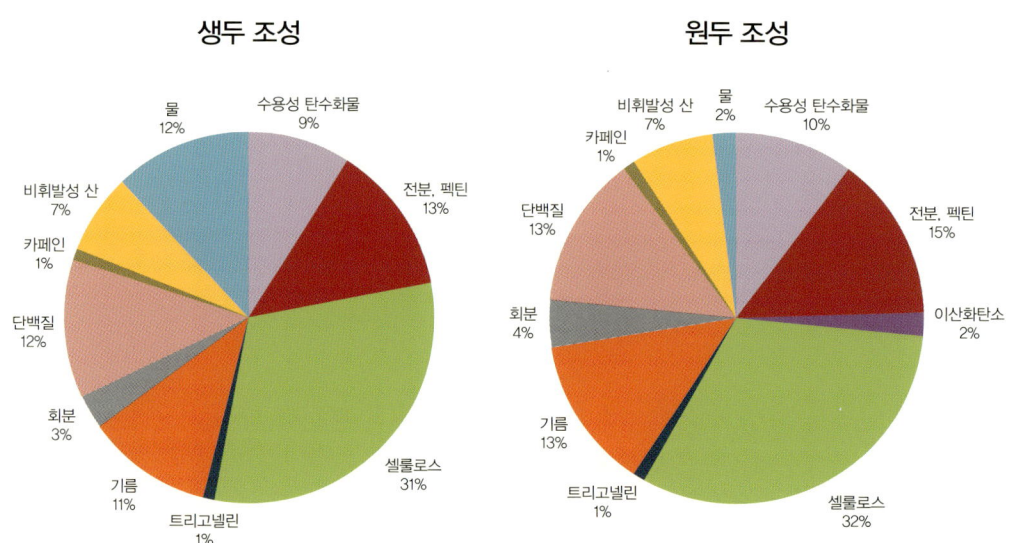

위 내용을 보면 로스팅을 통해 가장 두드러지는 커피 조성 변화는 수분 감소(수분은 생두 질량 대비 12%에서 2%로 감소)와 이산화탄소의 발생(처음엔 거의 없는 수준에서 2%로 증가)임을 알 수 있나. 로스팅을 하면 물이 증발히면시 니미지 성분은 약 1%씩 무게비가 높아진다. 실제 성분의 무게는 많이 달라지지 않지만 전체 무게에 대한 비율이 커지는 것이다.
주의 : 도표상의 수치는 추정치로서 실제 수치는 커피콩 종류, 로스팅 정도, 기타 요인에 따라 달라진다. (출처 : Barter, R.(2004) A short introduction to the theory and practice of roasting. Tea & Coffee Trade Journal, 68,34-37. Tea & Coffee Trade Journal 의 허락을 얻어 게재)

로스팅 중 산 발현

산미는 커피에 활력, 섬세함, 복합성, 밝은 느낌을 준다. 커피를 마시는 이들 중에 산미가 커피를 쓰고 불쾌하게 만든다고 생각하는 이들이 많지만 실제로 산미 없는 커피는 맛이 단조롭고 심심하다. 찬물로 몇 시간씩 커피를 추출하면 신맛이 매우 적은 커피를 맛볼 수 있는데, 그 방식으로 추출한 커피는 부드럽고 초콜렛 같은 느낌이 들지만 맛의 섬세함이나 미묘한 느낌이 적어서 일상적으로 마시기에는 단조롭다.

클로로겐산(CGA)은 생두에서 가장 주도적인 산으로서 건조 무게비 6-8%를 차지한다.[3] 식물 중에서 클로로겐산 함량이 가장 높은 것이 커피다.[7] 클로로겐산은 커피의 산미와 쓴맛에 크게 기여하며 약간의 각성 효과도 있다.[10]

로스팅 과정에서 클로로겐산은 천천히 분해되는데 라이트 로스트에서는 50%, 다크 로스트에서는 대략 20%가 잔존한다.[2] 클로로겐산의 분해 결과물은 퀸산과 카페인산인데, 이들은 수렴성 페놀 화합물로서 커피의 바디에 영향을 준다. 퀸산과 카페인산은 양이 적을 경우에는 기분 좋은 밝은 느낌과 산미[7]를 주지만, 지나치게 많으면 불쾌한 신맛과 떫은 맛을 낸다.*

그 외 다른 유기산들도 낮은 농도에서는 향미를 증진시켜 주지만 균형이 맞지 않으면 좋지 않은 향미를 만든다. 이들 산의 농도는 로스팅 중 점차 증가해 라이트 로스트에서 최대였다가 이후 점차 줄어든다. 때문에 다크 로스트 커피는 신맛이 약하다.

시트르산은 커피에 신맛을 더해 준다. 아세트산은 소량 있을 경우 와인 같은 신맛을 내지만 다량일 경우 식초 느낌이 나는 쓴맛을 만든다.[6] 말산은 깔끔하면서 시큼한 신맛과 사과 느낌을 준다.[6] 무기산인 인산은 케냐 커피에 많이 들어 있는데, 이는 케냐 커피의 독특하면서 정평이 난 산미를 만들어 내는 요인이다.[6] 일반적으로 커피나무의 재배 고도는 산미의 잠재적 양을 결정지으며 전반적인 자연 환경, 특히 습도는 생성하는 산의 종류를 결정짓는다.

커피의 신맛을 pH로 나타낼 경우 pH 수치가 낮으면 신맛이 강하다는 뜻이고 pH 수치가 높으면 신맛이 약하다는 뜻이다. 커피콩의 신맛은 1차 크랙 중 어느 순간 최대치에 도달했다가[11] 이후 약해진다. 생두의 pH 수치는 대략 5.8인데 로스팅을 시작하면서 낮아져 1차 크랙 중 4.8을 기록하고 이후 잠시 유지되다가 높아진다.[16] pH지수로 나타낸 커피의 산도와 여러 가지 산 성분들의 균형이 산에 대한 관능적 인상을 만든다. 따라서 커피를 마실 때 느끼는 신맛은 산성도 수치와 관련은 있지만 완전히 일치한다고는 할 수 없다.

생두의 수크로스 성분은 로스팅을 통해 나타나게 될 신맛과 단맛에 큰 영향을 미친다. 수

---

* 커피 음료 속의 클로로겐산은 온도가 79도 이하로 내려가면 분해된다. 클로로겐산 수치를 안정화시켜 시큼한 맛과 떫은맛이 강해지는 것을 막기 위해서 커피 음료를 79-91도 사이로 유지하는 것이 좋다.

결실도가 다른 커피열매. 많이 익을수록 단맛과 신맛을 내는 수크로스 함량이 높음

크로스가 신맛에 영향을 주는 것은 카라멜화를 통해 아세트산을 생성하기 때문이다.[2] 그래서 커피 생산자가 잘 익은 열매를 수확하는 것은 매우 중요하다. 결실도가 높을수록 생두의 수크로스 함량이 높기 때문이다.

다크 로스트에서 수크로스는 최대 99%까지 분해된다. 라이트 로스트에서는 87% 정도 분해된다.[37]

향 발현

좋은 향은 로스팅을 시작한 지 수 분 정도는 지나야 발현되기 시작한다. 휘발성 향미 성분은 커피콩의 수분 함량이 5% 이하로 내려가는 순간부터 급속히 만들어진다.[8] 카라멜화와 마이야르 반응, 그리고 아미노산과 당, 페놀산, 지질의 분해를 통해 향 성분이 만들어진다.[8] 카라멜화를 통해 과일향, 카라멜 향, 견과류 향이 생성되며, 마이야르 반응을 통해서는 꽃향, 초콜렛 향, 흙내음, 구운향이 생성된다.

커피콩 속의 기름에는 휘발성 향 성분이 상당량 녹아 있는데, 이런 향은 추출 과정 이후에도 천천히 방출된다.[8] 향 성분은 라이트 로스트에서 미디엄 로스트 사이에서 최고치를 이룬다. 로스팅이 더 진행되면 향 분해 속도가 향 생산 속도보다 더 빨라지고 향의 속성도 더 매캐하고 거칠게 바뀐다. 커피콩을 보관하는 동안 가스가 방출되면서 향도 점차 빠져나가는데 다크 로스트일수록 셀룰로스 구조도 약하고 공극도 많기 때문에 향이 더 빨리 사라진다.

마이야르 반응과 카라멜화

앞서 언급했듯 마이야르 반응은 자유 아미노산과 환원당 사이의 비효소적 갈변화 반응이다. 마이야르 반응은 커피가 갈색을 띠게 할 뿐만 아니라 씁쌀한 단맛과 여러 가지 향기를 만들어 준다. 마이야르 반응은 음식을 조리하는 중에도 일어나는데 가장 잘 알려진 것은 고기가 익으면서 갈색으로 변하는 것이다.

마이야르 반응이 향미 생성에 기여하는 것을 이해하려면, 고기를 굽는 것과 삶는 것이 각각 어떤 맛을 만드는지 생각해 보면 좋다. 구우면 삶을 때와는 달리 향기, 복합성, 깊은 향미가 나타난다. 커피콩을 로스팅할 때도 마이야르 반응은 동일한 향미 특성을 만들어 준다.

로스팅 과정 중 커피콩의 내부 온도가 올라가 수분이 대부분 날아가고 나면, 이후부터는 급격하게 온도가 상승하며 마이야르 반응이 빨라진다. 이런 반응 가속은 미디엄 로스트에서 향미 발현이 빨라지는 한 가지 이유이다. 온도가 160℃를 넘어서면 마이야르 반응이 자체적으로 지속될 수 있다.

카라멜화는 마이야르 반응과는 달리 열분해 반응이다. 카라멜화는 대략 171℃[19] 정도에서 시작된다. 열이 당 분자를 분해해서 쓴맛 물질, 신맛 물질, 향기 성분 등 저분자 물질과 함께 맛과 향이 없는 갈색의 고분자 물질 등 수백 가지 화합물을 만들어 낸다.[19] 카라멜이란 단어는 달콤한 디저트를 연상시키지만, 카라멜화는 오히려 음료나 식품의 단맛을 줄이고 쓴맛을 높인다. 라이트 로스트일수록 단맛이 나고 다크 로스트일수록 더 쓰고 카라멜향이 나는 것은 주로 이런 카라멜화 때문이다.

카페인 함량과 로스팅

지금까지 알려진 것과는 달리, 다크 로스트라고 해서 카페인 함량이 줄어드는 것은 아니다. 카페인은 로스팅 내내 거의 변하지 않는데[3] 이는 일반적인 로스팅 온도에서 카페인이 안정적이기 때문이다. 커피콩이 로스팅 중 질량이 줄어드는 것을 감안하면 카페인의 무게비는 로스팅을 할수록 오히려 높아진다. 음료를 만들 때 부피비보다 무게비를 사용해 물과 커피의 비율을 맞추는 것을 감안하면, 다크 로스트일수록 추출한 커피의 카페인 함량은 더 높을 것이다.

6 커피 로스팅 중 열전달

커피 로스터는 전도, 대류, 복사를 통해 열을 커피콩으로 전달한다. 각 로스터는 이 세 가지 열전달 방식을 저마다의 비율로 배합해 열을 전달한다. 아래에서는 로스터의 설계 형태에 따라 열전달 방식이 어떻게 달라지는가를 개괄할 것이다. 로스터의 상세 구조는 7장에서 언급할 것이다.

전도, 대류, 복사

고전 방식 드럼 로스터는 열이 드럼을 직접 가열하는 방식으로, 커피콩은 일차적으로 대류를 통해 부차적으로는 전도를 통해 열을 받는다. 로스터의 뜨거운 표면에서 방출되는 복사열 또한 어느 정도 열전달에 기여한다고 볼 수 있다. 내가 문의했던 한 유명한 독일 로스터 제조업체는 자사의 드럼 로스터의 열전달 방식이 대류가 70%, 전도가 30%라고 설명한 바 있다.

드럼을 간접 가열하는 로스터는 드럼과 열원을 떨어뜨려 로스팅 중 드럼이 뜨거워지지 않게끔 한다. 이런 종류의 로스터에서는 대류 방식이 훨씬 더 큰 비중을 차지한다.

유동층(fluid bed) 로스터는 드럼이 없고 대신 뜨거운 공기를 고속으로 주입해 커피콩이 떠 있도록 한다. 로링(Loring)사의 Smart Roaster™ 같은 재순환식 로스터는 로스팅 공정에서 발생하는 폐열을 일부 재활용한다. 두 종류 모두 거의 전적으로 대류 방식으로 열을 전달한다.

배치 로스터(batch roaster)에 커피콩을 투입하면, 뜨거운 로스터 안으로 실온의 커피콩과 공기가 대량 유입되면서 내부 온도가 급격히 낮아진다. 고전 방식의 드럼 로스터에서는 커피 투입 후 몇 분 동안은 뜨거운 드럼으로부터 공급되는 열 전도가 열전달의 상당분을 차지한다. 떨어졌던 온도가 투입 전의 수준으로 회복되고 나면, 대류가 열전달 역할을 맡는다. 이런 로스터에서 드럼은 일종의 열 저장 장치로서 로스팅 초반의 빠른 발현을 돕는 역할을 한다. 대류 위주의 로스터는 열 저장 장치 역할을 할 드럼이 없으므로 로스팅 초기에 열을 충분히 공급할 수 있도록 더 뜨거운 온도로 채워 줄 필요가 있다.

열전달과 온도 편차

로스팅 과정의 첫 2/3는 흡열(endothermic) 과정이다. 즉 커피콩은 에너지를 흡수하고 열은 커피콩 바깥에서 안으로 전달된다. 커피콩 내부의 온도 편차 "ΔT"는 전반적으로 열전달률을

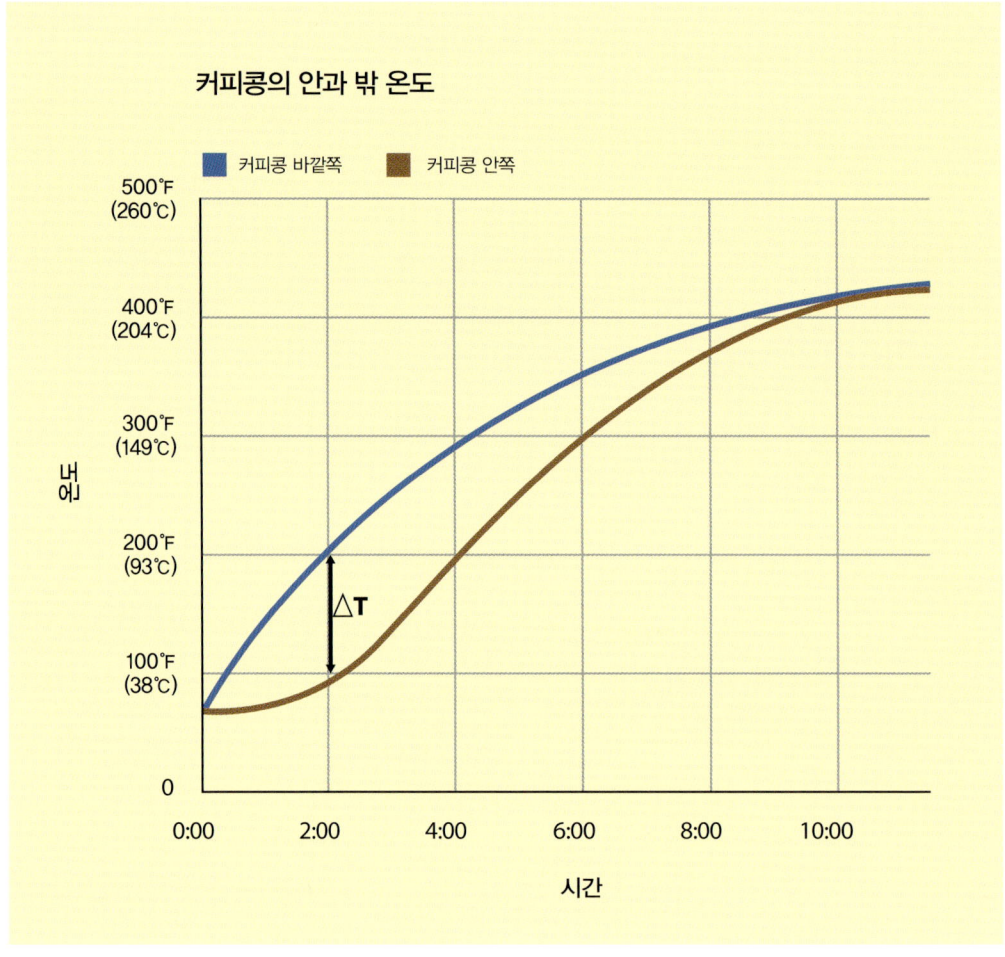

커피콩의 안과 밖 온도

■ 커피콩 바깥쪽   ■ 커피콩 안쪽

커피콩 내부의 충분한 발현과 균일한 로스팅을 위해 로스팅 초반부에는 온도 편차(ΔT)를 높게, 끝날 무렵에는 내려주는 것이 필수적이다.

결정짓는다. 간단히 말하자면 온도 편차가 클수록 커피콩 내부는 더 빨리 가열된다. 로스팅 초기의 추정 온도 편차는 약 50℃이며[10], 이후 로스팅이 진행되면서 편차는 줄어들거나 얼마간 더 커졌다가 점차 줄어든다.* 즉, 로스팅을 시작하고 몇 분 정도가 지나면 커피콩의 중심부와 표면이 모두 뜨거워지면서 온도 또한 천천히 비슷해진다. 일반적으로 온도 편차의 최대값은 고속 로스팅에서 크고 저속 로스팅에서 작다.

---

* 통상 실험실에서 쓰는 것과 같은 초고속 로스트(2~3분 만에 로스팅이 완료)는 온도 편차가 상당히 크게 나타날 수 있다. 로스팅 시간과 온도 편차 최대치는 역비례 관계를 나타낸다. 즉, 어느 한 변수가 커지면 다른 한 변수는 작아진다.

점액질 층을 제거하지 않은 커피씨앗 단면

커피콩 내에서의 열전달과 물질 이동

로스팅 중 수분 증발은 커피콩의 가장 바깥쪽에서부터 시작하며 '수분 증발층'은 점차 커피콩의 안쪽으로 이동한다.[5] 커피콩 내부 셀룰로스 구조는 상대적으로 온도가 낮고 견고해서 내부에 수분을 잡아 둔다. 이렇게 갇혀 있던 수분은 가열되면서 수증기로 변하고, 이로 인해 커피콩 내압이 커지면서 커피콩 구조가 팽창한다.

이 압력은 최저 5.4기압(550kPa)[8]에서 최대 25기압(2533kPa)[18]으로 추정하는데, 이로 인해 셀룰로스 구조가 압력 스트레스를 이기지 못하고 파괴된다. 이때가 바로 첫 번째 크랙이 일어나는 시점이다. 첫 번째 크랙이 진행되는 동안 수증기와 이산화탄소가 빠져나가고 압력이 낮아지면 커피콩 내부 온도는 급격히 상승한다.

열전달과 수분

로스팅 환경에서의 습도와 커피콩 내의 수분 함량 모두 로스팅 중의 열전달에 영향을 미친다. 로스팅 중 공기 습도는 처음에는 열전달을 방해하지만 이후부터는 열전달 효율을 높여서 커피콩에서 수분이 빨리 날아가도록 돕는다.[8] 커피콩 내부 수분은 보다 복잡한 방식으로 영향을 끼치는데, 수분 함량이 많으면 커피콩 내부 열전달에 세 가지 큰 영향을 미친다:

- 수분은 커피콩의 열전도성을 높이므로 열전달량이 많아진다.
- 수분은 커피콩의 열용량을 키우므로 같은 양의 커피를 가열할 때 더 많은 열이 필요해진다.
- 더 많은 양의 수증기가 커피콩 밖으로 빠져나가야 하므로 커피콩 내부로의 열전달이 방해된다.

수분 자체로만 보자면, 수분 함량이 많은 커피콩은 온도가 천천히 올라간다.[8] 그러므로 수분이 많은 커피콩을 볶을 때는 더 강하게 또한 더 주의 깊게 열을 가해야 한다.*

---

* 나는 로스터로 일하기 시작한 첫 겨울철에 고생해 가며 이 교훈을 얻었다. 보관하던 생두들이 춥고 건조한 겨울 공기를 만나면서 수분이 상당량 날라가 버렸는데, 이러한 생두들은 로스팅이 너무 빨리 진행되었다. 처음에는 그 이유를 알 수 없었지만, 이내 겨울철에는 열을 적게 주어 로스팅해야 한다는 것을 깨닫게 되었다. 다음 번 가을철부터는 생두의 수분 함량이 일정하게 유지되도록 로스팅 작업장에 가습 장치를 설치했고 연중 내내 온도와 습도를 일정하게 맞췄다.

7

로스터 구조

커피 로스터는 커피콩을 지속적으로 섞으면서 뜨거운 공기흐름을 통해 커피콩에 열을 전달해서 커피콩을 고르게 로스팅하도록 고안된 특수한 가열 기구이다. 오늘날 스페셜티 커피 산업에서 사용하는 로스터는 고전적 드럼 방식, 간접 가열 드럼식, 유동층식, 재순환식 등이 있다. 재순환 방식은 배기 가스 일부를 연소실로 되돌려 로스팅 열로 재사용하는 것이다. 나는 배기 가스를 순환시키지 않는 로스터를 "싱글패스(single pass)"라 부르고자 한다. 각 로스터는 구조에 따른 장단점이 뚜렷하다. 고전 방식의 드럼 로스터는 지난 세기 동안 크게 변한 것이 없다. 그러나 아직 이 로스터의 아성을 무너뜨릴 만한 새로운 구조는 나타나지 않았다.

고전 방식 드럼

고전 방식의 드럼 로스터는 원통형의 철제 드럼이 가로축 방향으로 회전하며, 드럼 아래 버너가 차폐 장치 없이 달려 있다. 버너의 불길이 드럼과 드럼을 통과하는 모든 공기를 데운다. 팬이 돌아가면서 연소실의 뜨거운 공기를 커피콩이 있는 드럼 안으로 밀어넣고, 연기와 증기, 기타 로스팅 부산물과 연소 부산물은 굴뚝으로 밀어낸다. 드럼이 회전하면서 커피콩을 섞어 주는 동안 커피콩은 드럼 벽면의 직접 접촉으로는 열전도를 통해, 드럼을 통과하는 열풍으로는 열대류를 통해 열을 흡수한다.

로스팅이 끝나면 드럼 배출구를 열어 커피콩을 냉각조로 쏟아낸다. 냉각조에서는 커피콩을 휘저어 주면서 강력 팬으로 실온의 공기를 빨아들여 커피콩을 식힌다.

고전 방식의 드럼 로스터 중 가장 뛰어난 것은 두 겹의 철판을 수 밀리미터 간격을 두고 만든 2중 구조로, 더블 드럼이라고 부른다. 더블 드럼 로스터는 불길이 외부 드럼에는 직접 접촉해도 내부 드럼은 바로 가열할 수 없다. 이런 방식은 열전도를 줄여 주어 커피콩이 부분적으로 타거나 그슬릴 위험이 줄어든다. 만약 고전 방식의 드럼 로스터를 사려고 한다면 더블 드럼을 선택하기를 강력히 권한다.

장점 : 싱글패스 방식은 로스팅 내부 환경이 깨끗하다. 특히 각 배치별 로스팅 첫 몇 분 동안은 드럼이 전도열을 공급하는 효율적인 열 저장 장치가 되어 준다.

단점 : 드럼이 과열되면 커피콩 표면이 곧잘 타 버린다.

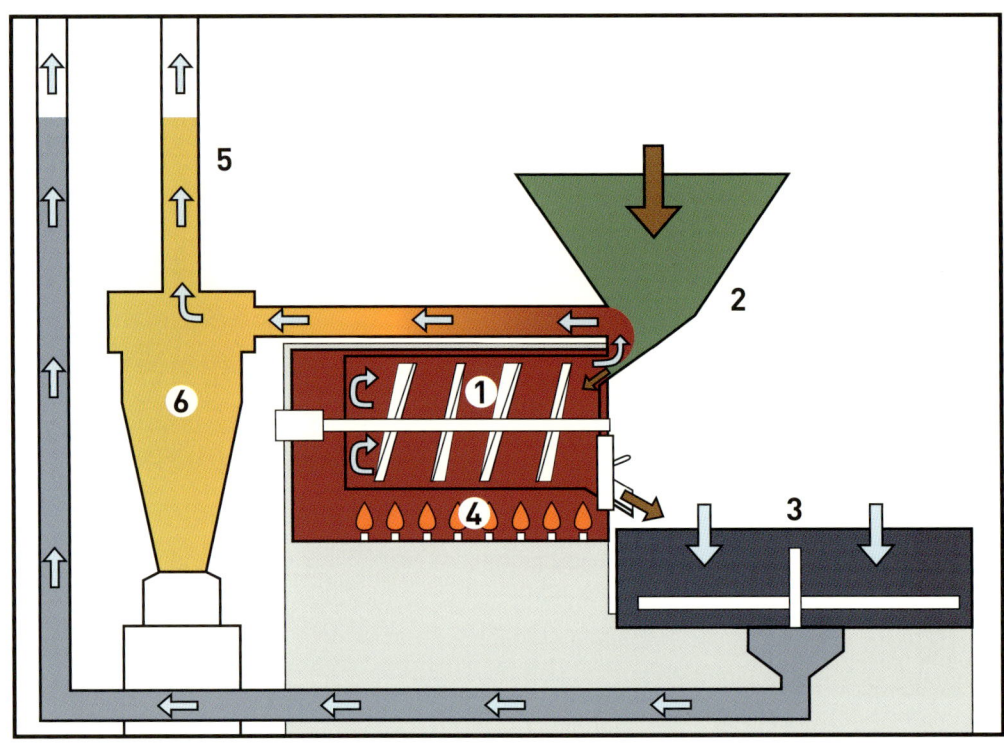

고전 방식의 드럼 로스터. 커피콩(갈색 화살표)이 투입 호퍼(2)를 통과해 드럼(1)로 들어간다. 로스팅을 마치면 커피콩을 냉각조(3)에서 식힌다. 공기(푸른색 화살표)가 연소실(4)를 지나 드럼을 통과한 다음, 채프를 제거해 주는 사이클론(6)을 거쳐 굴뚝(5)으로 빠져나간다.

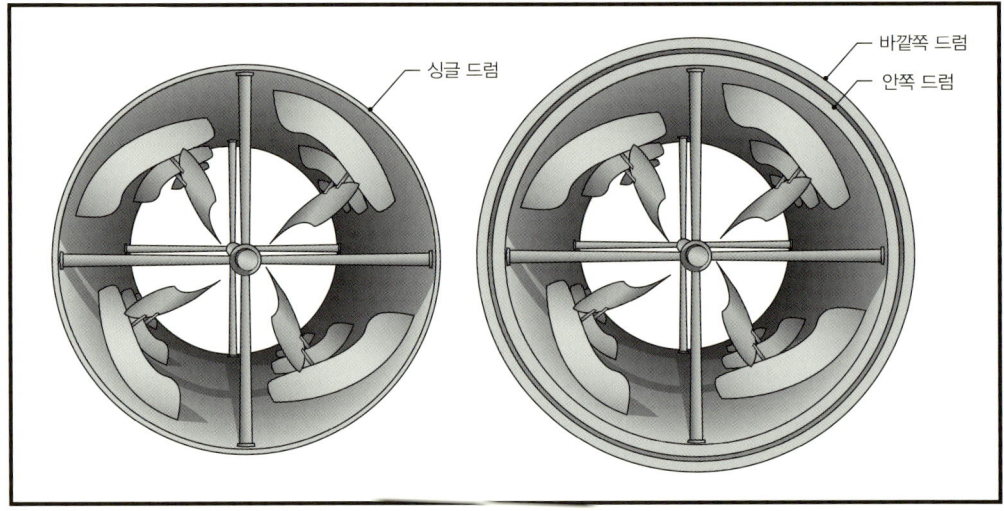

싱글 드럼(왼쪽)과 더블 드럼(오른쪽)

프로밧 UG

일부 제조업체에서는 비용 절감의 이유로 더블 드럼 대신 방열판을 드럼과 화구 사이에 끼운다. 그러나 이들 제조업체의 주장과는 달리 방열판을 설치한 싱글 드럼은 보통 더블 드럼보다 기능이 떨어진다. 문제는 방열판이 화구 가까이 고정되어 있다 보니 쉽게 과열된다는 것이다.(더블 드럼은 회전하기 때문에 어느 한 부분만 과열되지 않는다.) 직접 적외선 온도계로 측정해 보니 로스팅 중 방열판은 510℃까지 올라갔다. 이 상태에서 버너를 꺼도 방열판은 상당량의 열을 방출하기 때문에 로스터가 로스팅을 제어하기 어렵다.

간접 가열 방식 드럼

드럼을 간접적으로 가열하는 로스터는 뜨거운 공기를 연소실에서 드럼 쪽으로 불어 넣는다. 이 구조에서는 드럼이 불길과 직접 닿지 않기 때문에 화력을 높여도 커피콩 표면이 탈 위험이 적다. 이런 방식의 로스터 또한 고전 방식의 드럼 로스터처럼, 로스팅이 고르게 되도록 드럼이 회전하며 커피콩을 잘 섞어주다가 로스팅이 끝나면 커피콩이 잘 냉각되도록 별도의 냉각조로 커피콩을 배출하도록 되어 있다.

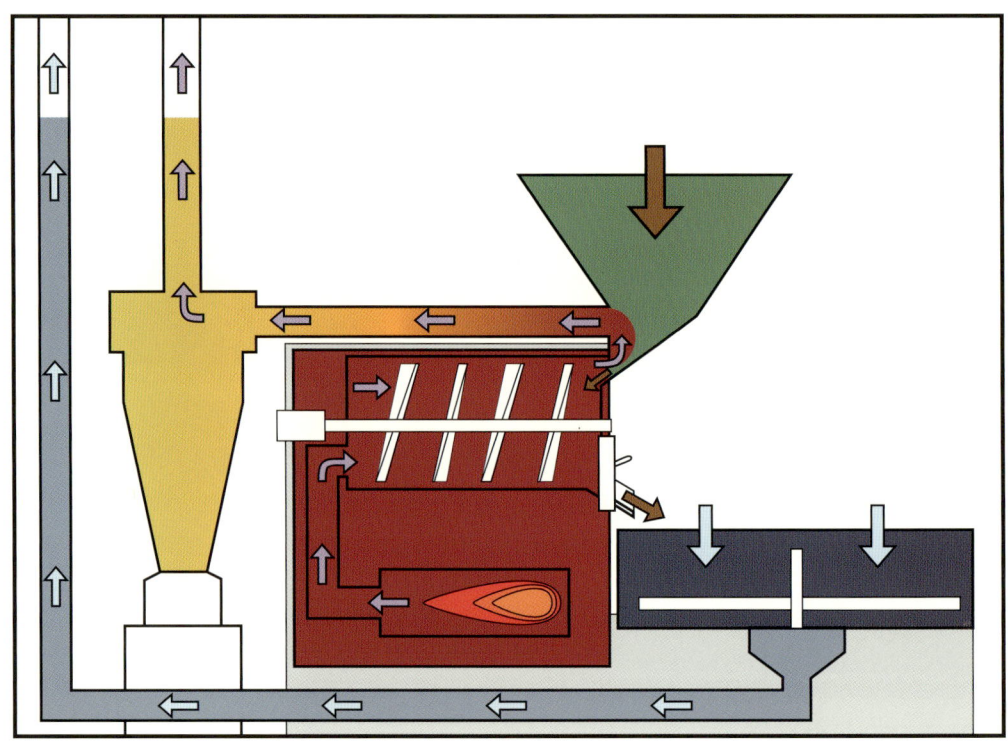

간접 가열 방식의 드럼 로스터

Joper 로스터는 드럼을 간접 가열한다.

장점 : 간접 가열 방식의 드럼 로스터는 로스팅 내부 환경이 깨끗하다.

다른 로스터에 비해 커피콩의 표면이 탈 위험이 적기 때문에 화력을 높여 빨리 로스팅할 수 있다.

단점 : 이 구조는 고전적 드럼 로스터에 비해 연료 효율성이 약간 떨어진다.

유동층

유동층 로스터에서는 공기를 고속으로 불어 넣어 로스팅 챔버(로스팅이 일어나는 공간) 내의 커피콩을 띄워 올려 회전시킨다. 로스팅이 진행되면서 커피콩의 밀도가 낮아지기에, 공기흐름은 로스팅 초반에는 매우 빠르게, 후반에는 보다 약하게 조절해 커피콩이 제대로 돌아가게 해준다.[16]

대부분의 유동층 로스터는 냉각조를 따로 달지 않고 로스팅이 끝나면 외부 공기를 불어넣어 커피콩을 식힌다. 그러나 이대로는 로스팅 챔버 표면이 여전히 뜨거워 냉각이 잘 되지 않아 그다지 이상적이지 않다. 그래서 유동층 로스터 사용자들은 별도로 냉각조를 구매하는 경우가 많다.

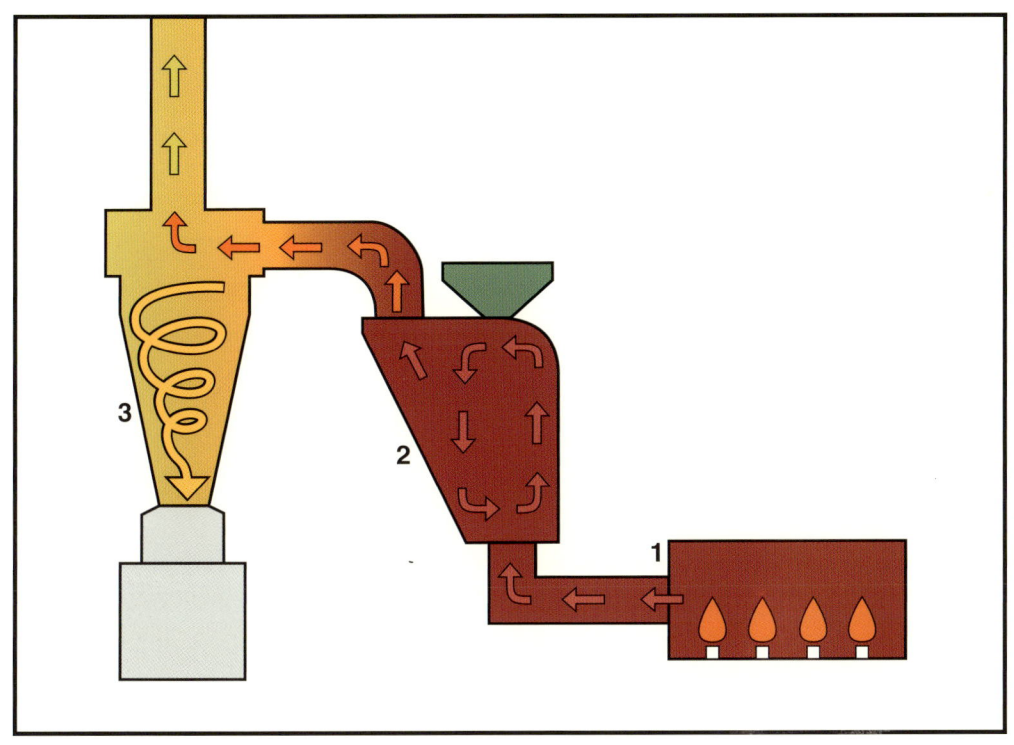

유동층 로스터는 거의 전적으로 대류 방식으로 커피를 가열한다. 연소실에서 가열된 공기(1)는 로스팅 챔버(2)를 통과해 굴뚝으로 이동하며 이 사이에 사이클론(3)은 채프를 포집한다. 커피 콩은 호퍼(녹색)를 통해 투입되어 로스팅 챔버 내에서 뜨거운 공기를 만나 지속적으로 공중 회전하다가 로스팅을 마치면 배출구로 나온다.(그림에는 나타나지 않음)

장점 : 유동층 로스터는 가격이 적당하고 신뢰도가 높으며 공간을 적게 차지하고 원두 표면이 탈 위험이 거의 없다.

단점 : 공기흐름이 과다해 향미 손실이 있고 연료 효율성이 낮다. 최적의 향미와 알맞은 커피콩 회전이라는 두 가지 목표를 양립시킬 수는 없고 그 사이 타협점을 찾아서 가스와 공기흐름의 세팅을 잡아야 한다.

재순환

앞서 언급했던 싱글패스 방식과는 달리, 재순환 로스터는 배기가스 일부를 다시 연소실로 보내 열을 재수집함으로써 로스팅에 필요한 연료를 줄인다. 재순환 로스터는 최근 들어 각광받고 있는데, 연료 효율성이 매우 좋고 커피콩 표면이 그슬리는 경우도 적은 데다가 매우 안정적이고 일관성 있는 로스팅 환경을 제공하기 때문이다. 안정적인 작업 환경에서는 자동화 로스팅 소프트웨어가 로스트 프로파일을 더 잘 따라갈 수 있다는 이점도 있다. 하지만 로스팅 중 커피가 챔버 안에서 연기와 함께 머물다 보니 커피에서 매캐한 향미가 나타날 위험이 크다는 단점이 있다.

장점 : 재순환 로스터는 연료 효율성이 좋고 로스팅을 빨리 할 수 있으며 커피콩 표면이 탈 위험이 줄어든다. 자동화 소프트웨어가 있다면 실행 성능이 좋아진다.

단점 : 커피에서 매캐한 내가 난다는 말이 로스터들 사이에서 가끔씩 올라온다.

Lilla 로스터(왼쪽)는 일찌감치 재순환 구조를 채택했다. Loring 로스터는 최적의 구조를 갖추고 있다.

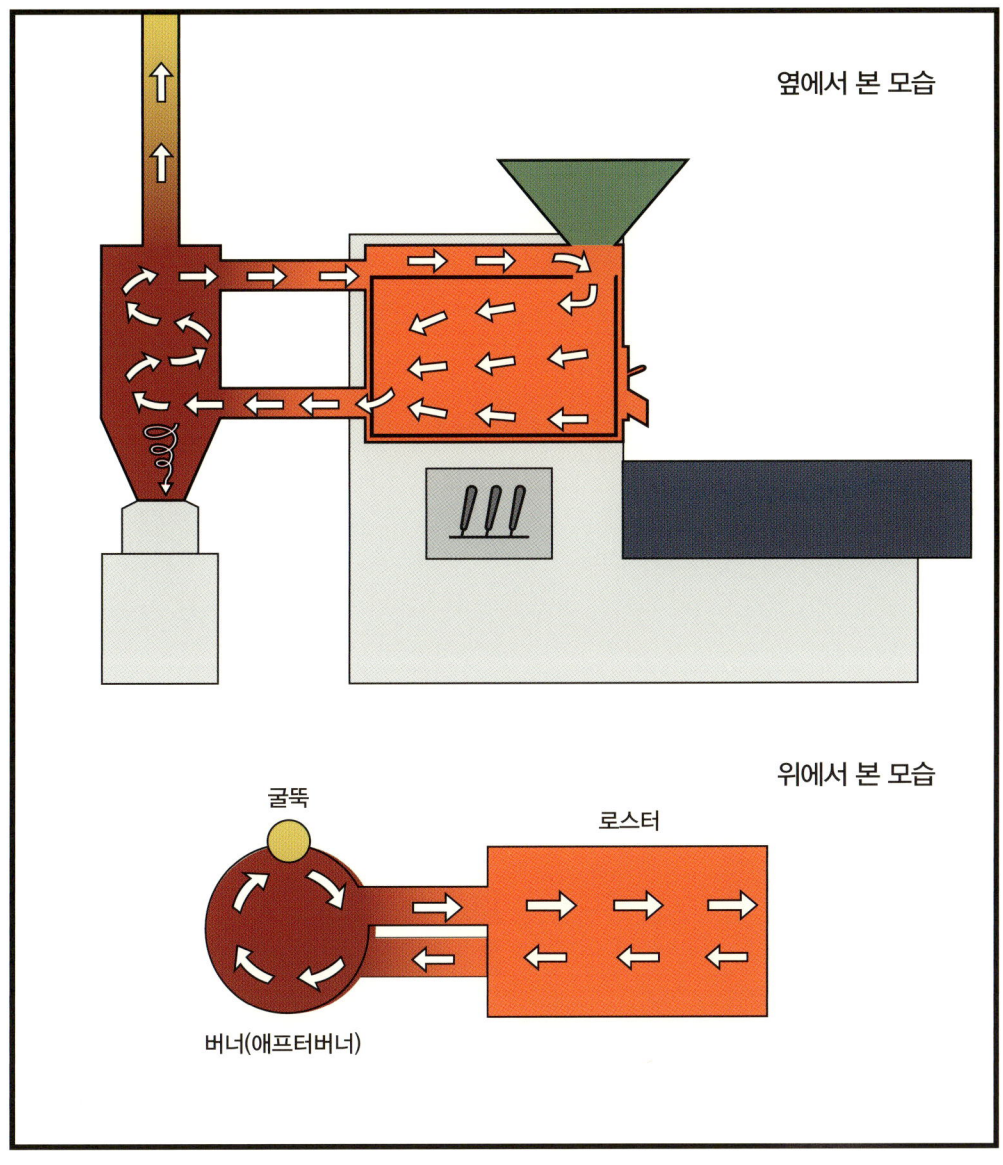

옆에서 본 모습

위에서 본 모습

굴뚝

로스터

버너(애프터버너)

재순환 로스터는 배출하는 공기의 대부분을 다시 드럼으로 보내며, 이 열은 거의 전적으로 대류 방식으로 전달된다. 이 구조에서 버너는 배기가스를 굴뚝으로 보내기 전 입자를 연소시키는 애프터버너의 역할도 겸한다. 흰색 화살표는 공기흐름을 나타낸다. 42페이지 드럼 로스터처럼 커피콩은 녹색 호퍼를 통해 투입되며 로스팅 드럼(주황색)에서 로스팅이 끝나면 냉각조(푸른색)로 이동한다.

8

로스팅 진행

로스터들은 로스팅 과정 중 첫 단계와 마지막 단계에만 너무 집중하는 경향이 있다. 이 두 단계는 각각 "건조" 단계와 "발현" 단계로 불리는데, 이런 명명법은 일리는 있지만 과도하게 단순화된 것이어서 로스팅 과정에 대한 오해를 불러일으킬 수 있다. 아래에서 보겠지만 로스팅 커브 전체가 건조와 발현 단계에 영향을 미친다.

S자 곡선에 대한 오해

로스팅 프로파일에서 나타나는 온도 곡선은 대개 S자를 그린다. 커피콩의 온도는 드럼 투입 직후 70-90초 동안 내려가다가 바닥을 치고 반전하여 급격히 상승한다. 물론 커피콩의 온도

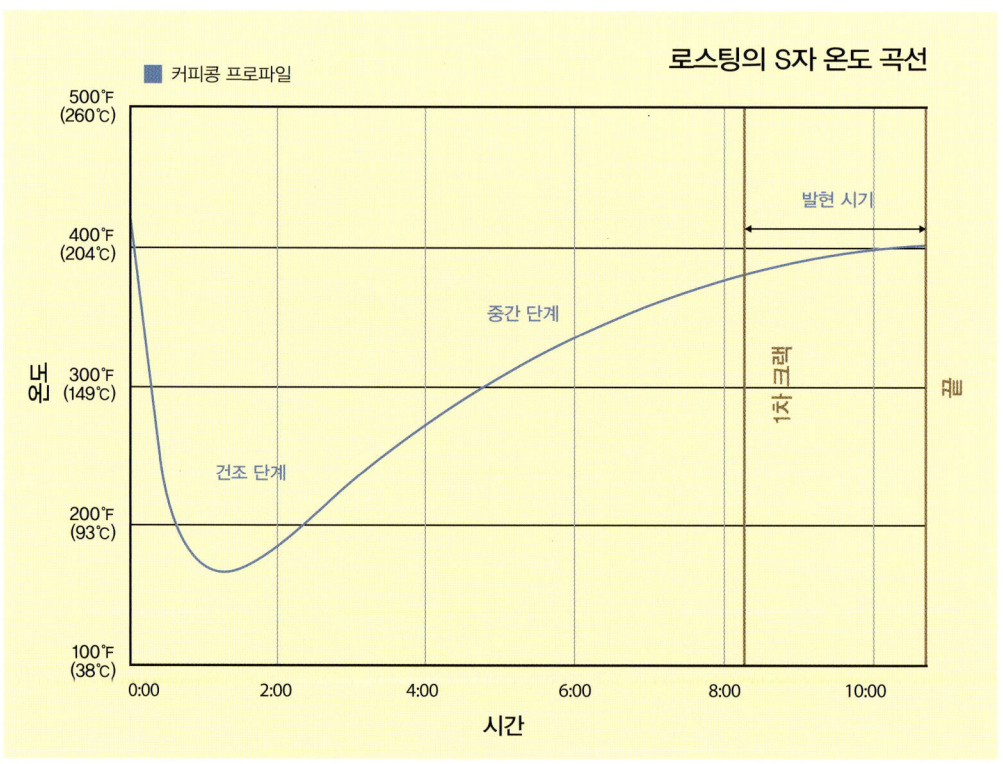

그래프의 S자 곡선은 로스팅 중 나타나는 일반적인 생두 온도 변화를 보여준다. 온도는 바닥 지점인 중점에서 급속히 치고 올라오다 점차 완만한 곡선으로 바뀐다.

다음 사실은 반드시 명심해야 한다 : 로스터가 측정한 커피콩 온도는 드럼 내부의 커피콩 더미들 안에서 나타나는 여러 표면 온도 중 하나에 불과하다. 따라서 이 수치는 커피콩의 표면 온도를 완벽하게 나타낸다고 볼 수 없으며 수치 또한 완전히 정확한 것은 아니다. 온도계는 단지 주변 물질의 온도를 읽어주는 것일 뿐이며, 커피 로스팅의 경우 그 물질은 커피콩과 뜨거운 공기의 혼합체가 된다.

가 실제로 떨어지는 것은 아니다. 커피콩은 투입하기 전에는 상온이며 투입 후 즉시 온도가 올라간다. 겉보기에 온도가 떨어져 보이는 이유는 온도계의 온도 탐지에 시간 지연(온도계 랙)이 있기도 하거니와 로스터 내 공기도 온도계에 영향을 미치기 때문이다. 그래서 나는 처음 2-3분 동안은 커피콩의 온도에 그다지 신경 쓰지 말라고 권하고 싶다. 대다수 로스터에서 드럼 온도계는 3분 정도는 지나야 쓸모가 있다.

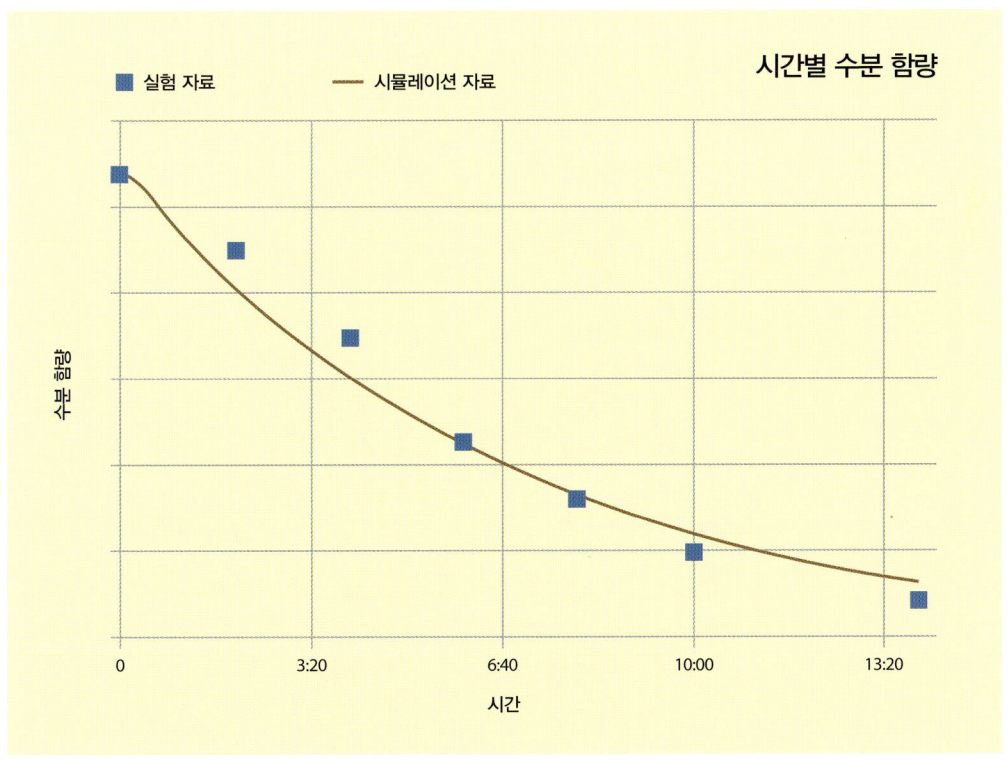

그래프에서 나타나듯, 커피콩은 첫 번째 크랙 때까지는 일정 비율로 수분이 줄어든다. (자료제공 : Bottazzi, D; Farina, S; Milani, M; Montorosi, M (2012) A numerical approach for the analysis of the coffee roasting process. Journal of Food Engneering. 112, 243–252. 원자료 : Schenker, S. (2000) Investigations on the hot air roasting of coffee beans. Swiss Federal Institute of Technology, Zurich)

건조 단계와 관련한 미신

로스팅에 대한 논의에서 내가 가진 불만 가운데 하나는, 사람들이 '건조 단계'와 '발현 단계'라는 오해하기 쉬운 단어를 사용한다는 것이다. 로스팅은 복잡한 과정으로서 물질 생성과 수분 손실과 같은 다양한 변화들이 로스팅 과정 내내 일어난다. 그럼에도 불구하고 로스팅의 초반부는 건조라 부르고 종반부는 발현이라 구별해서 불러 온 까닭에 로스팅 공정은 많은 오해를 받았다.

(관심을 못 받은) 중간 단계

로스팅을 시작하고 수 분이 지나, 커피콩이 황토색 또는 밝은 갈색을 띠는 지점에서부터, 지금까지 무시되어 왔고 이름도 없었던 중간 단계가 시작된다. 이 단계에서는 당이 분해되어 포름산[19]이 되고 커피콩에서 수증기가 방출되며, 커피콩이 커지기 시작하고 기분 좋은 구수한 향기가 올라온다. 이때 일어나는 색상 변화와 향 변화 대부분은 마이야르 반응의 결과이다. 이 반응은 커피콩 온도가 121-149℃ 정도일 때 속도가 빨라진다.

약 171℃에서부터는 당을 분해하는 카라멜화 반응이 시작되고 마이야르 반응은 원료인 당을 뺏기면서 반응속도가 느려진다. 카라멜화를 통해 커피콩은 짙은 갈색으로 변해 가고 과일향, 카라멜향, 견과류 향이 나타난다. 마이야르 반응과 카라멜화 반응 모두 단맛을 감소시키고 쓴맛을 증가시킨다.

이름 없던 이 과정 동안 커피콩은 계속 커지면서 채프, 즉 실버스킨이 떨어져 나간다. 동시에 연기도 증가하므로 로스터는 채프와 연기가 발생하는 족족 빨려나가도록 공기흐름을 높여 줄 필요가 있다. 이 단계에서 공기흐름이 나쁘면 매캐한 내가 나는 커피가 될 수 있고 채프가 로스터 내 특정 장소에 과다하게 쌓이면서 화재 위험도 커진다.

1차 크랙

콩을 볶는 과정은 단조롭게 보일 구석이 많지만, 1차 크랙만큼은 항상 흥미진진하다. 커피콩이 무더기로 터지는 소리를 뿜어내는데 처음에는 조용히 시작해 점차 소리가 빨라지고 커지다 다시금 줄어든다. 커피콩은 순식간에 커지고 채프가 떨어져 나가며 연기 발생량도 많아진다. 앞서 언급했듯 1차 크랙에서는 수증기와 이산화탄소가 생두 중심부에서부터 방출되면서 들을 수 있을 정도의 소리가 난다.

Illy[5]와 Eggers[30]에 따르면, 이때 커피콩의 표면 온도는 잠깐 동안 낮아진다.(아마 수 초 정도에 불과할 것이며 드럼 온도계는 이 정도의 변화는 잡아내지 못할 것이다.) 이 현상은 순간적 흡열현상으로, 커피콩에서 상당량의 수증기가 증발하면서 표면이 순간적으로 냉각되기 때문이다.

1차 크랙이 일어나기 직전, 커피콩의 온도 상승률(rate of rise, ROR)은 곧잘 떨어진다. 순간적 흡열현상이 일어나는 동안 온도 상승률은 떨어지는 편이며, 이 흡열현상이 지나가면 상승률

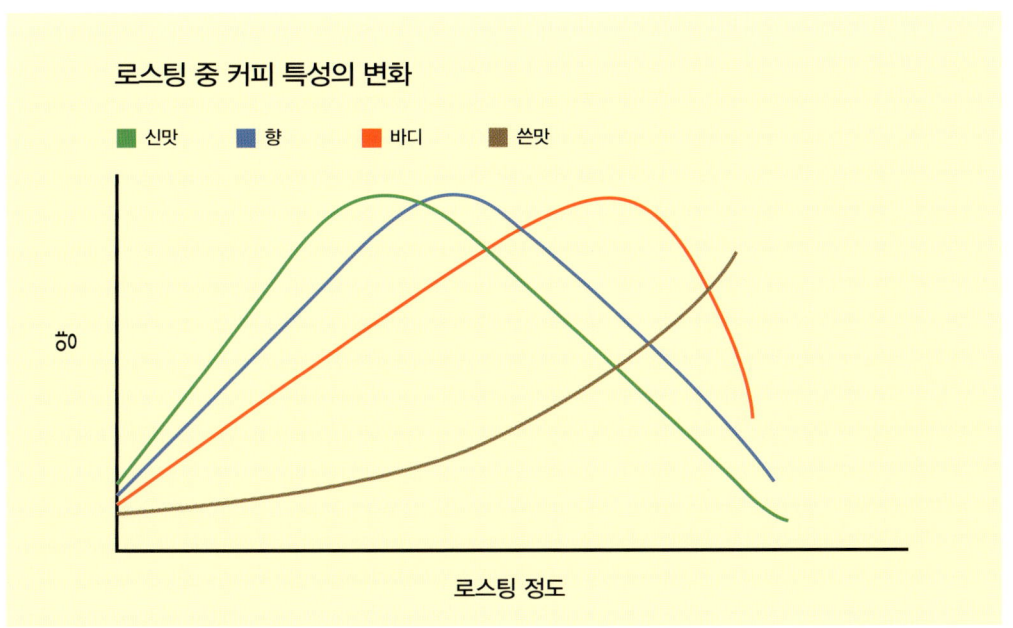

로스팅 중 커피 특성의 변화

■ 신맛　■ 향　■ 바디　■ 쓴맛

(세로축) 향

로스팅 정도

신맛은 시티 로스트까지는 커지고 이후 로스팅을 계속하면 줄어든다. 향은 신맛의 최고점 직후, 즉 시티 로스트에서 풀시티 로스트 사이에서 최대가 된다. 바디는 커피가 아주 어두운 색이 되는 프렌치 로스트까지는 계속 증가하고 이후 감소한다. 쓴맛 성분 추출은 프렌치 로스트에서 가장 수율이 높으며 이후에는 열분해로 인한 수용성 물질 감소로 인해 낮아진다.

이 급격하게 높아진다. 그러나 이런 온도 상승률 변화는 좋지 않은데 이에 대해서는 이 책 후반부에 다룰 것이다.(10장 참조)

2차 크랙

1차 크랙이 끝나고 나면 소강 상태로 접어들지만, 그 사이 커피콩의 중심부에서는 이산화탄소로 인해 다시 압력이 커진다. 이 압력으로 인해, 열분해와 1차 크랙 스트레스에 의해 약해진 셀룰로스 구조를 뚫고 기름이 커피콩 표면으로 밀려나온다. 표면에 첫 기름방울이 맺힐 무렵에 2차 크랙이 일어나 이산화탄소와 기름을 내부에서부터 표출한다.

　　2차 크랙까지 로스팅하면 커피 종류별로 지니는 고유한 특성 다수가 사라진다. 카라멜화와 열분해로 인해 중후하고 톡 쏘며 볶은 향미가 나타나는데, 이들은 다크 로스트에서 살아남은 미묘한 향미들을 압도해 버린다. 다크 로스트는 음료에서 쓴 단맛, 매캐한 향미, 중후한 느낌, 시럽 같은 바디를 만들고 산미는 매우 적다. 2차 크랙 초기를 넘겨 로스팅을 계속 진행하면 탄 느낌, 탄화된 느낌의 향미가 나타나고 바디는 가벼워진다. 주요 스페셜티 커피 체인들 은 2차 크랙까지 로스팅하기도 하지만 요즘 진취적인 스페셜티 로스터들 대부분은 여기까지 로스팅하지 않는다.

발현 단계

여러 사람들이 1차 크랙 시작점에서 배출 시점까지의 시간을 "발현 단계"라고 부른다. 그러나 이 용어는 로스팅 과정을 과도하게 단순화시킨 것이라 오해를 일으킨다. 38페이지의 "커피콩의 안과 밖 온도" 그래프에서 나타나듯, 로스팅을 시작하고 첫 몇 초가 지나면 커피콩 내부의 발현이 시작되고 이는 로스팅 끝까지 계속된다. 로스터들은 발현 정도를 높이기 위해 1차 크랙 이후의 로스팅 시간을 연장하는 경우가 종종 있다. 특히 에스프레소용 로스팅의 경우는 더욱 그러하다. 이 방법은 대개의 경우 커피콩 내부의 발현 정도를 개선시킬 수 있다. 그러나 더 효율적으로 발현 정도를 높이는 방법은 로스팅 초기 온도 편차를 더 키우는 것이다. 로스팅 마지막 수 분을 의도적으로 늘리는 경우 베이크드(Baked)한 향미가 나기 십상인데 이는 절대 피해야 한다.

> 로스팅 곡선의 전체적 형태가 커피콩의 발현에 영향을 끼친다는 것을 명심해야 한다.

　　로스팅 곡선의 전체적 모양이 커피콩의 발현과 수분 감소에 영향을 준다는 것을 반드시 명심해야 한다. 10장 "로스팅의 3계명"에서는 커피콩의 발현과 단맛을 높이면서 베이크드한 향미 발생 위험은 피할 수 있는 로스팅 곡선 만들기에 대해 논할 것이다.

로스팅 계획

로스터는 커피를 투입하기 전에 많은 결정들을 해야 한다. 이 결정들은 용량(배치 크기), 로스터 구조, 다양한 커피콩의 특성에 따른 투입 온도, 초기 가스 세팅, 공기흐름을 고려해야 한다.

용량

로스팅 계획 첫 단계는 로스터의 최적 용량 범위를 파악하는 것이다. 드럼 크기, 공기흐름 정도, 기재된 버너 출력을 고려해 어느 정도의 양을 로스팅하면 가장 맛이 잘 나올지를 판단한다. 로스터에 기재된 용량이 최적 용량이라 생각하면 안 된다. 내 경험으로는 많은 로스터들이 표준 용량에서 50-70％ 정도의 커피를 넣었을 때 가장 결과가 좋았다.

로스터 제조업체는 로스터의 용량을 과장해서 광고한다. 대다수의 로스터 구매자, 특히 소형 스페셜티 로스터 고객들은 기재된 수치에 영향받기 때문이다.* 하지만 그 수치는 실제로 로스팅할 수 있는 최대 용량이라기보다 드럼에 집어 넣을 수 있는 최대량에 더 가깝다. 기재 용량 이상으로 커피콩을 집어넣으면 커피콩이 제대로 섞이지 않거나 배기팬을 통해 로스터 밖으로 빨려 나가기도 한다.

다음 단계는 로스터의 표기 출력을 확인하는 것으로 이 또한 상당히 중요하다. 연구에 따르면 온도 20℃의 생두 1kg을 미디엄 로스트로 볶는 데는 1000-1500kJ이 필요하다.[5, 32] 그러나 일반적인 싱글패스 로스터는

> 싱글패스 드럼 로스터는 대부분 생두 1파운드를 볶는 데 5000BTU(1kg에 대해 11,606kJ)의 에너지가 들어간다.

효율성이 상당히 낮아서 버너 에너지 중 일부만이 커피콩으로 전달되고 나머지 대부분의 열은 연통과 로스팅 공간, 기타 부분에서 손실된다. 수십 가지 모델을 사용해 본 경험으로는, 싱글패스 로스터의 열효율은 10-15％에 불과하다. 즉 싱글패스 로스터는 커피콩에 전달되는 에너지의 7-10배를 먹는다.

---

* 이 문제는 가정용 커피 브루어 마케팅에서 나타나는 문제와 유사하다 : 오늘날 "12잔"들이 브루어는 대개 추출량이 50-60온스에 불과하다. 세월이 지나면서 한 잔 용량이 4-5온스(113-142g) 정도로 줄어 버렸다는 것인데, 이는 명백히 제조업체의 마케팅 부서에서 입김을 불어넣은 것이다.

그러므로 12kg급 로스터의 출력 에너지가 100,000BTU(105,506kJ)로 되어 있다면 최대 용량은 약 9kg으로 보는 것이 맞다. 몇 번 실험을 해 보면, 배치 용량이 이보다 크거나 적은 정도에서 맞아 들어갈 것이고, 커피 종류에 따라서도 다르긴 할 것이다. 그렇더라도, 일단은 9kg에서 시작하기를 권한다. 유동층 로스터는 싱글패스 드럼 로스터보다 효율이 낮고 반대로 재순환 로스터는 효율이 더 높다. 그러므로 각 버너 용량에 비례해 적합한 용량을 찾을 수 있을 것이다. 재순환 로스터의 효율성은 열의 재사용 비율에 비례해서 높아진다.

로스팅 머신이 최저 204°C 정도로 가스압을 맞추어 둘 수 있는 것이라면 배치 용량에 있어 최소 하한선은 없다. 다만 실무적으로 몇 가지 난제가 있기 때문에 극소량(가용량 대비 25% 미만) 로스팅을 어렵게 만든다.

극소량을 로스팅하려면 다음이 가능해야 한다.

- 공기흐름을 줄여야 한다. 공기흐름이 과도하면 커피콩이 로스터 바깥으로 빨려나가 버린다. 특히 분당 드럼 회전수가 너무 빠를 경우 더욱 그러하다.
- 드럼 회전 속도를 늦출 수 있어야 한다. 표준 RPM에서는 커피콩들이 드럼 내부에서 튀어오르기 때문에 고른 로스팅이 되지 않는다. 또 커피콩이 배기 흐름에 휩쓸려 로스터 밖으로 빨려나갈 수 있다.
- 로스터가 온도계를 보지 않고도 로스팅할 수 있어야 하고 또한 기꺼이 그렇게 해야 한다. 용량이 너무 적으면 드럼 온도계가 커피콩 더미 속에 충분히 잠기지 않아 측정된 온도를 신뢰할 수 없거나 아예 무용지물이 된다.*

공기흐름 세팅

지금까지 수년간 써 왔던 방식은 담배 라이터를 사용하는 것이다. 로스팅이 진행 중인 상태에서 샘플러를 뽑아 구멍 가까이 라이터를 켠 후 불꽃이 기울어지는 방향을 확인한다. 불꽃이 구멍 쪽으로 기울어지는지, 구멍 반대 쪽으로 휘어져 나오는지 혹은 휘지 않고 수직 방향으로 서 있는지를 확인해서 불꽃이 약간 구멍 방향으로 기울어지도록 공기흐름을 조절한다.(공기흐름을 늘리면 불꽃이 구멍 쪽으로 보다 많이 기울어진다.) 불꽃이 구멍 쪽으로 휘지 않는다면 연소 가스와 로스팅 부산물이 드럼으로부터 빠져나가지 못한다는 뜻이다. 불꽃이 구멍 쪽으로 너

---

* 나는 2006년 "Best of Panama"를 위한 100그램짜리 샘플 20개를 23kg 용량의 Gothot 로스터를 사용해 성공적으로 볶은 적이 있다. 나는 이때 드럼 온도계를 무시하고 각 배치마다 특정한 공기 온도 프로파일을 반복하는 것과 같은 다른 매개변수들에 집중하는 방법을 사용했다.

무 많이 휘거나 너무 강하게 끌려들어가다 꺼질 정도라면 공기흐름이 너무 세다는 것을 의미한다.

이와 비슷한 방법으로, 얇은 종이를 샘플러 구멍보다 크게 잘라 구멍에 가져다 대는 방법도 있다. 공기흐름이 알맞다면, 종이에서 손을 놓은 뒤에도 종이가 구멍에 달라붙어 떨어지지 않는다.

커피 로스팅에서 공기흐름은 초반부에는 보다 적게 후반부에는 보다 많게 세팅해야 한다. 커피콩에서 연기가 발생하고 채프가 떨어지기 시작하면 공기흐름을 늘려야 한다. 로스팅 중 공기흐름이 늘어나면 대류를 통한 열전달도 늘어나므로 가능하다면 공기흐름량이 조금씩 많아지도록 한다. 한 번에 공기량을 많이 늘려 버리면 커피콩 온도 변화율을 완만하게 감소시킬 수 없게 된다.(10장 참조)

연료 인젝터 혹은 파워 버너를 갖춘 로스터는 효율적인 연료 연소를 위해 공기 대 연료비를 고정시켜 버려, 공기와 가스를 별도로 조정하지 못하게 되어 있다. 이상적인 로스팅이라면 가스 세팅은 처음에는 높았다가 이후 유지 또는 점차 내려가도록 해야 하고, 반대로 공기흐름은 로스팅이 진행될수록 높여 줘야 하기 때문에, 이런 구조의 로스팅 머신은 로스터를 매우 난감하게 만든다. 이런 파워 버너 로스팅 머신은 기종마다 제각각이기 때문에 위와 같은 문제를 일거에 해결할 수 있는 묘책은 없고 로스터들이 각각의 상황에 따라 처리해야 한다.

처음 공기흐름은 어떻게 할지, 공기흐름을 바꿀 시기는 언제인지, 얼마만큼 바꿀지를 인지하고 나서 시간에 따른 공기흐름량을 계획한다. 매 로스팅 배치 사이에는 공기흐름을 저-중으로 맞추는 것이 좋다. 화력 낭비 없이 알맞은 공기 온도를 유지할 수 있기 때문이다.

공기 대 연료비 맞추기

화력 조절이 가능한 버너는 오렌지색 불줄기가 섞인 푸른빛 불꽃이 보이도록(오렌지빛은 공기 중 먼지로 인해 나타난다.) 조절한다. 불꽃이 약하고 노란빛이라면 공기가 부족해 불완전 연소가 되고 있다는 뜻이다.[1] 공기가 부족하면 매연과 일산화탄소가 더 많이 나오고 이산화탄소는 적게 발생한다. 불꽃이 화구에서 떨어져 나타나면서 마치 용접용 버너 같은 소리가 난다면 공기가 너무 많은 것이다.[1](로스터를 수 분 정도 가만히 두어 안정화시키고 난 다음, 배합비를 바꾸어야 할지 판단해야 한다.) 이상적인 공기-연료비는 대략 10:1이다. 다만 온도와 습도 변화에 대응할 수 있도록, 비율을 약간 높이는 것이 일반적이다.[12]

공기 대 연료비가 이상적인 불꽃

투입 온도

투입 온도*와 초기 가스 세팅은 로스트 프로파일 과정을 결정짓는 중요한 요소다. 너무 낮은 온도에서 투입하면 커피콩의 발현에 제약이 있는데다가 초기 가스 세팅도 과하게 가해야 하므로 드럼이 과열될 수 있다. 너무 높은 온도에서 투입할 경우는 커피콩이 타 버리거나 섬세한 향미를 만들 수 있는 요소들 일부가 사라져 버린다. 모든 로스팅 배치가 최적 프로파일을 따라 이루어지도록 하려면, 투입 온도와 초기 가스 세팅값의 균형점을 알고 투입 전의 로스

---

* '투입 온도'의 개념은 오해의 여지가 있다. 커피콩을 로스터에 집어넣기 직전, 비어 있는 상태의 로스터 내 공기 온도인 것은 맞지만, 어느 지점의 온도인가에 대해서는 합의된 바 없다. 어떤 로스터들은 커피콩 온도계 수치를 보고 투입 온도를 잡고, 어떤 로스터들은 공기 온도계 수치를 보고 투입 온도를 잡는다. 이 두 수치는 로스터 종류에 상관없이 적용할 수 있는 것이 아니다. 나아가 동일한 로스터를 사용한 연속 로스팅 작업 사이에서도, 예를 들어 204℃란 수치에서도 로스팅 양상이 다를 수 있다. 이런 문제의 원인은 투입 온도라는 개념이 로스터의 열에너지를 나타내는 데 쓰기에는 불완전하며 일관성이 떨어지는 개념이라는 데 있다. 앞서의 사례에서라면, 투입 온도는 같아도 드럼 표면 온도가 첫 번째 배치에서는 260℃, 두 번째 배치에서는 271℃일 수 있다. 드럼 온도차가 작을지라도 이는 곧 다른 로스팅 프로파일로 나타난다. 그리고 이것은 첫 번째 배치가 나중 배치랑 동일하도록 만들고자 할 때 모든 로스터가 예외 없이 겪는 것이다. 이때 대부분의 로스터들은 처음 한두 배치는 그냥 다르다고 인정하고 첫 배치로 디카페인 커피를 볶는다거나 또는 특히 소량 배치를 볶는다거나 하는 식으로 문제를 회피하려 한다. 나는 11장에서 첫 번째 작업물까지 포함해서 모든 작업물이 항상 일정하게 나오게끔 로스터의 열에너지를 재설정하는 방법에 대해 설명할 것이다.

터 운영법을 찾아야 한다. 투입 온도를 결정할 때는 로스터 설계, 생두 용량, 커피콩의 밀도, 크기, 생두의 가공 방식, 의도한 로스팅 시간을 고려해야 한다.

로스터 설계

투입 온도 결정을 위한 첫 단계는 사용하는 로스터의 구조를 아는 것이다. 불길이 드럼에 직접 닿는 로스터는 드럼이 간접적으로 가열되는 로스터에 비해 드럼 주변 온도가 더 높다. 따라서 직접 가열식 드럼 로스터는 드럼 과열로 인해 커피콩이 그슬릴 위험성이 크므로 투입 온도에 한도를 두어야 한다.

유동층 로스터는 드럼이 없고 열전도가 없으므로 투입 온도를 288℃ 이상으로 높게 설정할 수 있다. 간접 가열식 드럼 로스터와 천공 드럼 로스터는 투입 온도를 232–274℃ 정도로 한다. 고전 방식의 드럼 로스터는 드럼 두께와 재질, 싱글 드럼인가 더블 드럼인가에 따라 투입 온도가 다르다. 알맞은 온도는 193–227℃이다.[**]

앞서 언급했듯이, 고전 방식의 드럼 로스터는 드럼이 열을 저장해 주는데, 그 열에너지 양은 약 수만 킬로줄(kJ)에 달한다. 이 에너지가 로스팅 초기 열전달을 도와 주고 정상 투입 온도보다 낮은 온도에서 커피콩을 투입해도 그 차이 일부 또는 전부를 메꿔 준다. 로스팅 첫 수분 동안 적절한 열전달은 커피콩의 내부 발현에 매우 중요하다.(10장 참조)

생두 용량

생두 투입량이 많을수록 로스터 내부 온도 또한 더 많이 떨어진다. 그러므로 로스팅 작업 첫 1–2분 사이 열전달이 충분히 이루어지려면 생두 투입량이 많을수록 투입 온도도 높아야 한다.

커피콩의 밀도

투입량이 같아도 밀도가 높은 커피는 중심부까지 열을 전하기 위해 더 많은 에너지가 필요하다. 투입 온도를 높이면 큰 콩 속까지 열을 가하는데 도움이 된다. 밀도가 매우 높은 커피콩은 더 높은 온도에서 투입하는 것이 좋을 때가 많다.

커피콩의 크기

커피콩이 크면 표면에서 중심부까지의 거리가 멀어져 열전달에 더 많은 에너지가 필요하므로 투입 온도를 높이는 것이 좋다.

[**] 이 수치는 각 작업 사이 1–2분간 쉴 때 측정한 커피콩 온도계 수치이다.

생두 가공 방식

생두 가공 방식은 커피콩의 밀도와 발화 가능성, 그리고 많은 경우 수분 함량에 영향을 미친다. 생두 가공 방식은 상당히 복잡한 변수들과 관련이 있으므로 로스팅을 할 때는 각 가공 방식에 따라 적절한 방법을 고려해야 한다. 대체로 수세식 커피는 내추럴 방식으로 가공한 커피에 비해 투입 온도를 높일 필요가 있으며, 높은 투입 온도에서도 더 잘 견딘다.

의도한 로스팅 시간

투입 온도와 로스팅 시간은 함께 생각할 필요가 있다. 다른 모든 요소가 동일할 경우, 로스팅을 빨리 하려면 더 높은 온도에서 투입해야 한다. 빠른 로스팅에서는 커피콩의 충분한 발현을 위해 로스팅 초기에 온도 편차를 더 크게 할 필요가 있다. 투입 온도가 충분히 높지 않을 경우, 커피콩 내부의 발현이 지체된다. 마찬가지로, 로스팅을 천천히 하려면 보다 낮은 온도에서 투입해야 한다. 처음부터 투입 온도가 너무 높다면 로스팅 시간을 늘리기 위해 일부 시점에서 로스팅 진행을 과도하게 늦출 수밖에 없는데, 이로 인해 커피가 베이크드(Baked)해지

거나 제대로 발현되지 못할 수 있다.

알맞은 투입 온도를 결정하기 위해, 앞에서 언급한 이 여섯 가지 변수(로스터 설계, 생두 투입 용량, 커피콩의 밀도, 크기, 생두 가공방식, 의도한 로스팅 시간)를 반드시 고려해야 한다. 예를 들어, 배치 용량 30kg인 고전 방식의 드럼 로스터에서 밀도가 높고 크기가 큰 수세식 케냐 AA 커피 25kg을 12분간 로스팅하면서 투입 온도를 221℃로 하였다면, 밀도가 낮고 크기가 작은 내추럴 브라질 커피 20kg을 15분간 로스팅할 때는 투입 온도를 193℃로 맞출 수 있다.(케냐 커피가 용량이 더 많은데 어째서 더 빨리 볶으려 하는지에 대해서는 일단 넘어가자.)

위 사례에서 드러나듯, 고전 방식의 드럼 로스터에서는 두 작업물 모두 투입 온도를 신중하게 잡아 주어야 한다. 케냐 커피 작업물은 양도 많고 커피콩 크기도 크며 밀도가 높고 수세 처리한 것인데 이런 요소들은 브라질 커피에 비해 더 높은 투입 온도를 요구한다. 다만 위 사례는 가설이고 실제로는 온도가 크게 다를 수 있음을 주의하기 바란다.

로스팅 시간 결정

로스팅 업계에서 로스팅을 천천히 진행하면 커피콩 발현이 더 잘 된다는 생각이 압도적인데 이는 사실과 다르다. 지나치게 빠르게 로스팅하면 덜 발현된(underdeveloped) 커피가 만들어진다는 말은 맞지만, 로스팅을 천천히 진행한다고 해서 반드시 발현이 잘 된다고는 할 수 없다. 최종 발현을 결정짓는 것은 로스팅 시간도 아니고 '발현 시간'도 아니다. 전체 로스팅 곡선의 형태가 발현에 영향을 미친다.

로스팅 용량이 로스터의 실제 용량(9장 참조)과 같거나 적은 경우, 다양한 로스팅 곡선과 로스팅 시간대에서 발현도 잘 되고 향미도 좋은 커피를 만들 수 있다. 각 로스터에서 나타나는 최적 로스팅 시간 범위를 정확히 말하긴 어렵지만 다음과 같은 근사치를 권한다.

추천 로스팅 시간	
로스터 종류	**분:초**
고전 방식 드럼 로스터	10:00−16:00
간접 가열 방식 드럼 로스터, 천공 드럼 로스터	9:00−15:00
유동층 로스터	7:00−11:00

어떤 로스터에서건 용량이 적으면 알맞게 발현되기까지 걸리는 시간이 짧다. 커피콩의 밀도, 크기, 생두의 수분 함량, 로스팅 정도 또한 최적 로스팅 시간에 영향을 미친다.

드럼 회전 속도

로스터의 드럼 회전 속도(분당 회전수, RPM)는 드럼 내부 반지름과 배치 용량에 근거해 결정한다. 회전 속도가 알맞으면 콩 교반이 최적화되어 로스팅이 고르게 이루어지고 표면이 탈 위험을 최소화할 수 있다. 나의 경험과 일부 로스팅 업체에서 비공식적으로 얻은 설문 내용을 바탕으로 분석해보면, 표기된 용량 대비 60-80%의 양을 볶을 경우 다음과 같은 회전수가 적절하다고 볼 수 있다.

권장 회전 속도(분당 회전수)	
표기된 로스터 용량	회전수
5-12kg	52-54
15-22kg	50-52
30-45kg	48-50

이들 회전 속도 수치는 일반적인 드럼 크기를 기준으로 한 것이다. 회전 속도가 알맞으면 생두가 골고루 섞이고 로스팅되며 콩 표면이 탈 가능성도 적다.

로스터는 드럼의 회전 속도를 맞출 때 다음과 같은 요소를 고려해야 한다.

- 드럼 회전 속도가 높아지면 공기흐름과 대류를 통한 열전달이 약간 커진다.
- 볶는 양이 적을 경우 회전 속도를 낮출 필요가 있다.
- 드럼 회전 속도를 손쉽게 조정할 수 있다면 로스팅 중 점진적으로 수 RPM씩 회전수를 늘려보는 것도 고려해 볼 만하다. 이렇게 하면 커피콩이 팽창하는 중에도 지속적으로 고른 교반이 가능하다.(로스팅 중에 커피콩이 커진다는 것은 전체 부피가 커진다는 의미다.)

수분 함량, 밀도, 크기

많은 로스터들은 시행착오를 통해 새로 입고된 생두를 제대로 볶는 방법에 대해 터득한다. 이렇게 새 커피에 맞게 로스팅 과정을 세팅하는 작업은 보통 수 일에서 수 주까지 걸린다. 이런 실험이 계속되는 동안 고객들은 불균일하고 품질이 떨어지는 커피를 접하게 된다.

새로 들어오는 생두가 무엇이든 그에 맞는 조치를 취할 필요는 있다. 하지만 생두의 밀도, 크기, 수분 함량을 측정할 수 있다면 시행착오는 상당히 줄어든다. 위 세 가지 수치를 알면 로스팅 중에 열을 어떻게 줘야 할지 정할 수 있다. 이 수치를 로스팅에 있어 어떻게 해석해야 할지에 대한 상세 내용은 본 책에서 다룰 수 있는 범위를 넘어선다. 다만 밀도, 크기, 수분 함량이라는 이 세 가지 자료는 생두마다 모두 확인하고 이들 측정치와 로스팅 결과 사이의 관계를 살펴 볼 것을 권하고 싶다.

10

로스팅의
3계명

계명(commandment)이라는 말에 너무 부담을 가질 필요는 없다. 경우에 따라서 이 원칙들은 어길 수도 있다. 그러나 계명이란 것이 으레 그렇듯, 습관적으로 원칙을 어긴다면 좋은 결과를 얻지 못할 것이다.

나는 지난 19년간 로스터이자 컨설턴트로서 여러 가지 로스팅 머신과 여러 가지 로스팅 방식으로 볶은 커피 2만여 배치를 하나 하나 맛보고 그에 대한 로스팅 자료를 검토해 왔다. 5년 전쯤부터는 최고의 로스팅 배치에서 나타나는 공통적인 요소를 찾아 보고자 로스팅 자료 더미에 파묻혀 며칠씩 보내곤 했다.* 정확히 말하자면, 내가 주목한 것은 '정말 좋은' 배치는 아니다. 내가 관심을 가진 것은 한 번 맛을 본 뒤로 수 개월, 수 년 뒤에도 기억에 남는 그런 배치였다. 그 노력의 결과가 "로스팅 계명"이다.

나는 수 없이 다양한 커피들과 로스터에 적용할 수 있을 것만을 계명에 등록했고 다시 5년 간 이들을 시험하고 다듬어 왔다. 지금까지 이 계명을 따르지 않았는데도 맛이 더 좋게 나온 적은 없었다. 역으로 검증할 기회도 있었다. 아주 훌륭한 원두를 맛본 일이 있었는데 이를 로스팅한 로스터가 고맙게도 그 배치를 볶은 로스팅 데이터를 알려 주었던 것이다. 그리고 그 프로파일 또한 이 계명에 들어맞았다.

이 방법을 어떻게 작용하는지 완전히 설명할 수는 없다. 다만 확신하는 것은, 여러분이 열린 마음을 가지고 자기 로스팅에 이 기법을 조심스럽고 완벽하게 적용한다면 훨씬 훌륭한 로스팅 결과물을 얻게 될 것이라는 사실이다.

I. 로스팅 초반부에 충분한 에너지를 공급하자

최적의 향미를 얻고 알맞게 발현을 시키려면 로스팅 초반부에 반드시 열을 충분히 공급해야 한다. 열이 많이 부족한 상태에서 시작하더라도 커피콩 내부까지 적당히 로스팅할 수는 있다. 그러나 초반부 부족했던 열전달을 보충하기 위해 로스팅 시간이 더 길어지기 때문에 많은 향미를 잃게 될 것이다.

---

* 나는 로스팅 자료를 연필과 계산기, 스프레드시트 소프트웨어를 활용해 수집하고 계산했다. 요즘은 Cropster가 개발한 소프트웨어인 Roast Ranger 같은 컴퓨터 프로그램을 이용해 자료를 보다 효율적으로 분석할 수 있다.

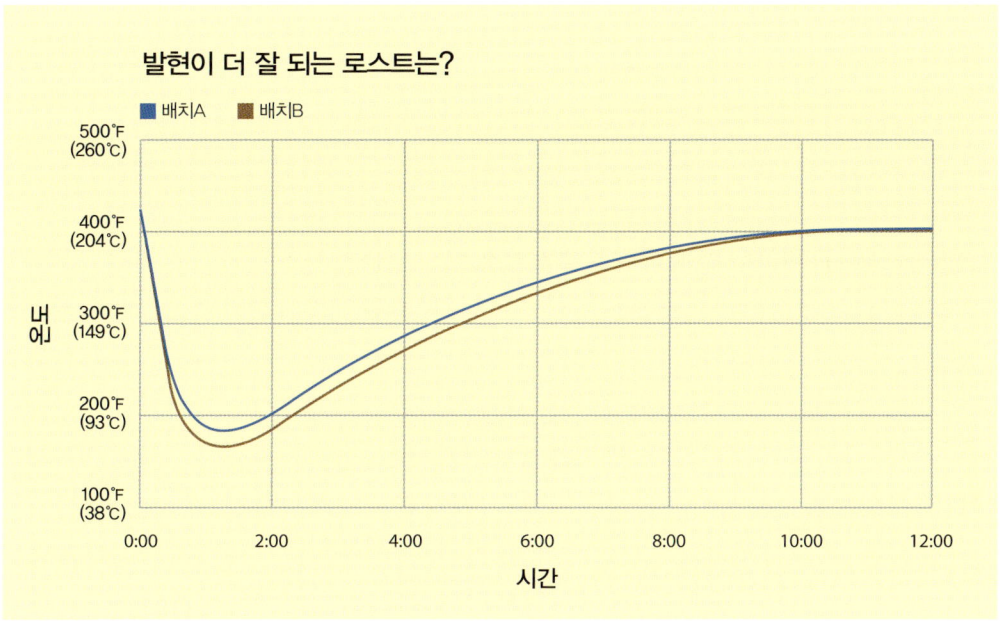

발현이 더 잘 되는 로스트는?

■ 배치A ■ 배치B

배치A와 배치B는 투입 온도와 온도 하락 정도, 로스팅 시간이 모두 같다.

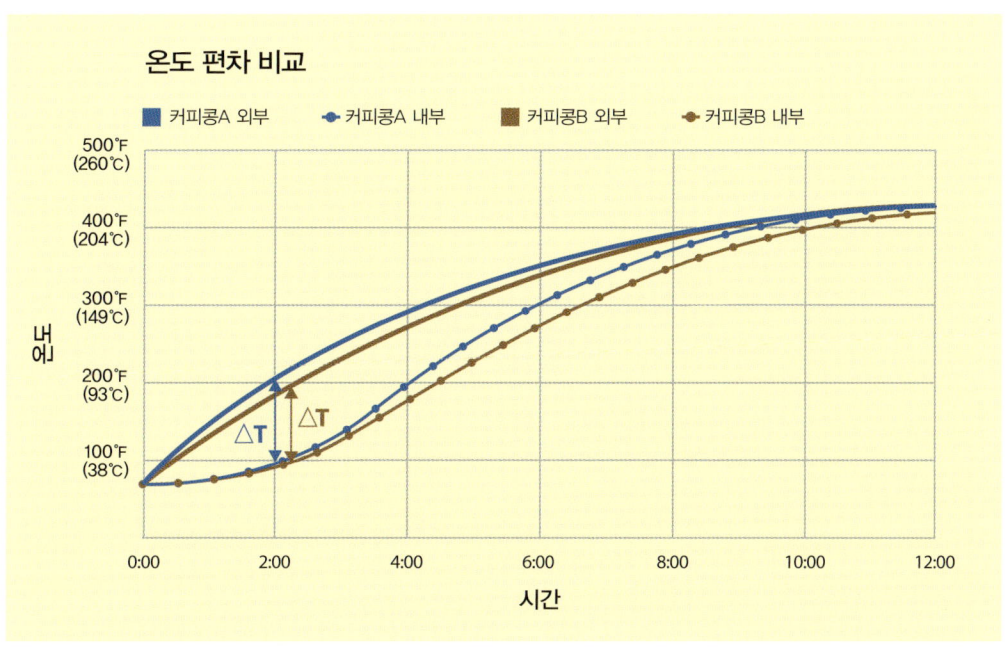

온도 편차 비교

■ 커피콩A 외부 ● 커피콩A 내부 ■ 커피콩B 외부 ● 커피콩B 내부

이 그래프는 로스팅 초기 온도 편차를 크게 해 주는 것이 왜 중요한지를 보여 주고 있다. A배치의 경우, 로스터는 로스팅 초기에 충분한 에너지를 공급해 온도 편차를 크게 만들었고 그 결과 로스팅 후반부에 와서는 커피콩 내부 온도가 쉽게 외부의 온도를 따라잡을 수 있었다. 하지만 B배치는 초기 화력이 부족해 초기 온도 편차가 작았다. 로스터는 동일한 시간에 로스팅을 끝내기 위해 로스팅 중반에 열을 더 공급했고 그 덕분에 외부는 알맞게 볶아졌다. 하지만 추가한 열이 커피콩 내부 온도를 외부 온도만큼 높이기에는 충분하지 않았고 또한 시기적으로 늦어 결국 B배치는 발현이 덜 되었다.

II. 커피콩의 온도 변화는 점점 줄어들도록 하라

어떤 배치든 커피콩의 온도 상승률은 처음에는 가파르게 오르다가 로스팅이 진행됨에 따라 점차 완만해진다. 실온 상태의 커피를 뜨거운 로스터에 집어넣었을 때 발생하는 자연스러운 결과다. 로스터의 목표는 온도 상승률을 지속적으로 줄어드는 형태로 만드는 것이다. 로스팅 도중에 온도 상승률이 높아지면(로스팅을 시작한 지 첫 2-3분 사이 외형적으로 커지는 것 말고), 커피콩의 발현이 제대로 되지 않을 뿐 아니라 커피콩의 단맛 또한 줄어든다.

단 1분 동안이라도 온도 상승률이 지체되어 그래프에서 평행선을 그리게 되면, 단맛이 파괴되고 종이, 카드보드, 말린 곡물, 지푸라기 등이 연상되는 플랫(Flat)한 향미가 난다. 경험상 이런 맛의 커피들은 여지 없이 로스팅 데이터에서 평행선이 나타나 있었다.

온도 상승률이 완만하게 조금씩 내려가다가 갑자기 뚝 떨어지는 경우에도 커피 발현이 나빠진다. 이런 경우 즉시 배출하지 않으면 베이크드한 향미가 생긴다. 이런 향미는 위에서 언급한 평행선 그래프에서 얻어지는 단조로운 향미와 유사한데 사실 더 나쁘다. 로스팅이 실질

위쪽 그래프에서는 로스트 프로파일 네 가지가 나타나 있고, 아래쪽 그래프에서는 각각의 온도 상승률 곡선이 나타나 있다. (1)번 그래프는 상당히 긴 구간 동안 수평선이 나타나 있는데, 이는 커피콩이 단조롭고 단맛이 부족함을 의미한다. 푸른색과 빨간색(2, 3) 그래프는 순간적으로 솟아오르는 구간이 나타나는데, 이는 해당 로스팅 정도에서 나타나야 할 만큼 발현이 되지 못했음을 의미한다. 노란색 곡선에서는 아무 문제도 나타나지 않는다.(Cropster 제공)

적으로 멈춰 버리고 커피콩의 온도가 더 이상 상승하지 않는 상태(즉 온도 상승률은 0 또는 음수를 나타낸다.)가 되면 커피콩은 완전히 베이크드해지고 단맛은 거의 사라진다. 내가 알기에 베이크드한 커피 향미에 대한 화학적 분석은 아직 정립되지 않았다. 주된 가설은 로스팅 과정 중 온도 상승이 정체되면 당이 교차결합하여 단맛이 줄고 베이크드한 맛이 나온다는 것이다.

아래 여러 온도 상승률 곡선에서 이를 더 명확히 찾아볼 수 있다.

숙련된 로스터는 특정 순간마다 온도 상승률이 저절로 방향을 튼다는 것을 알고 있다. 가장 어려운 구간은 아마도 1차 크랙 구간일 것이다. 온도 상승률이 매끄럽게 떨어지도록 하려면, 로스터는 다음과 같은 상황을 미리 짐작하고 조정해야 한다.

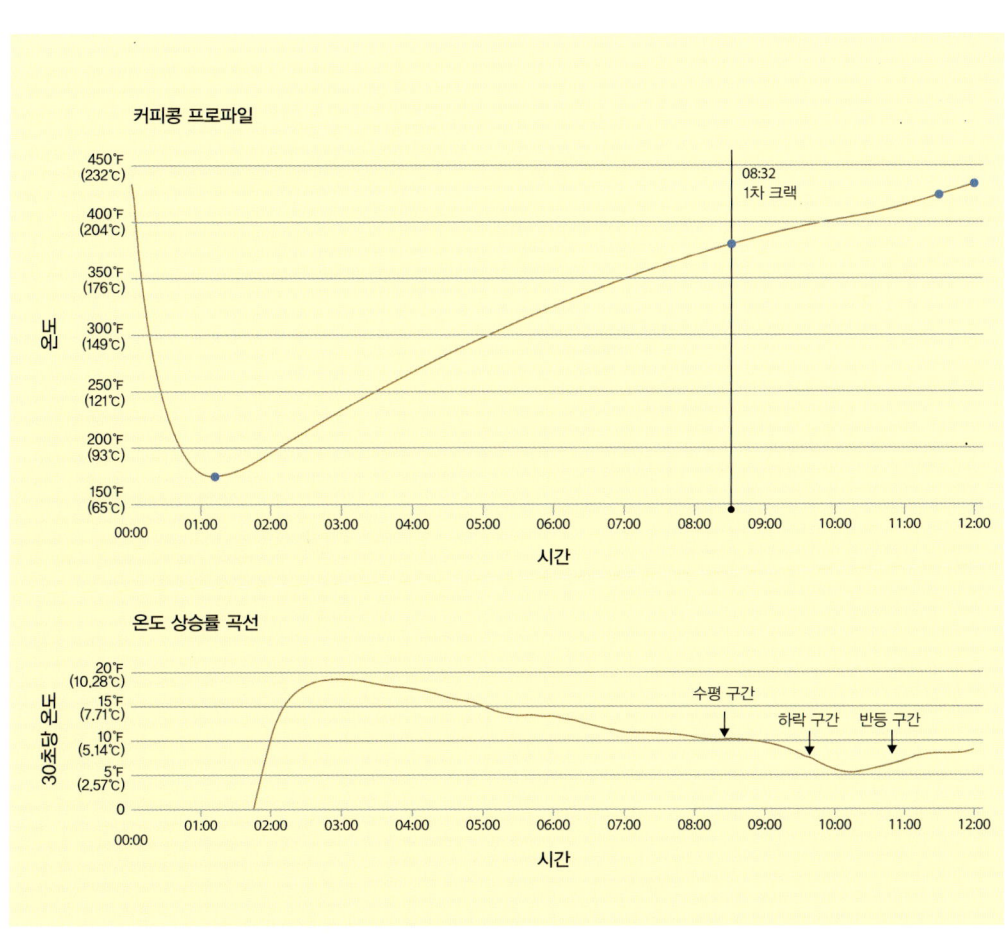

Cropster에 표현된 1차 크랙 전후의 온도 곡선과 온도 상승률 곡선이다. 1차 곡선이 나타나기 전 온도 상승률 곡선에서는 흔히 수평 구간, 하락 구간(수증기 증발 최대치), 그리고 1차 크랙이 끝날 무렵에는 반등 구간이 나타난다. 대부분의 로스터들은 이런 패턴에 익숙하다 보니 이것이 커피 향미에 좋지 않다는 생각을 하지 못한다.

- 1차 크랙이 시작되기 1-2분 전쯤 온도 상승률에서 수평 구간이 나타나는 경우가 종종 있다.
- 1차 크랙 동안 증발로 인한 냉각 효과 때문에 온도 상승률이 갑자기 떨어지는 경향이 있다.
- 1차 크랙이 지나면 온도 상승률이 급속히 오르는 경향이 있다.*
- 2차 크랙 중 또는 2차 크랙 후 온도 상승률이 다시 올라간다.

온도 상승률이 지속적으로 감소하는 것이 어째서 최적의 로스팅 발현에 중요한 것일까? 아래 로스팅 곡선에서 부분별로 살펴보자.

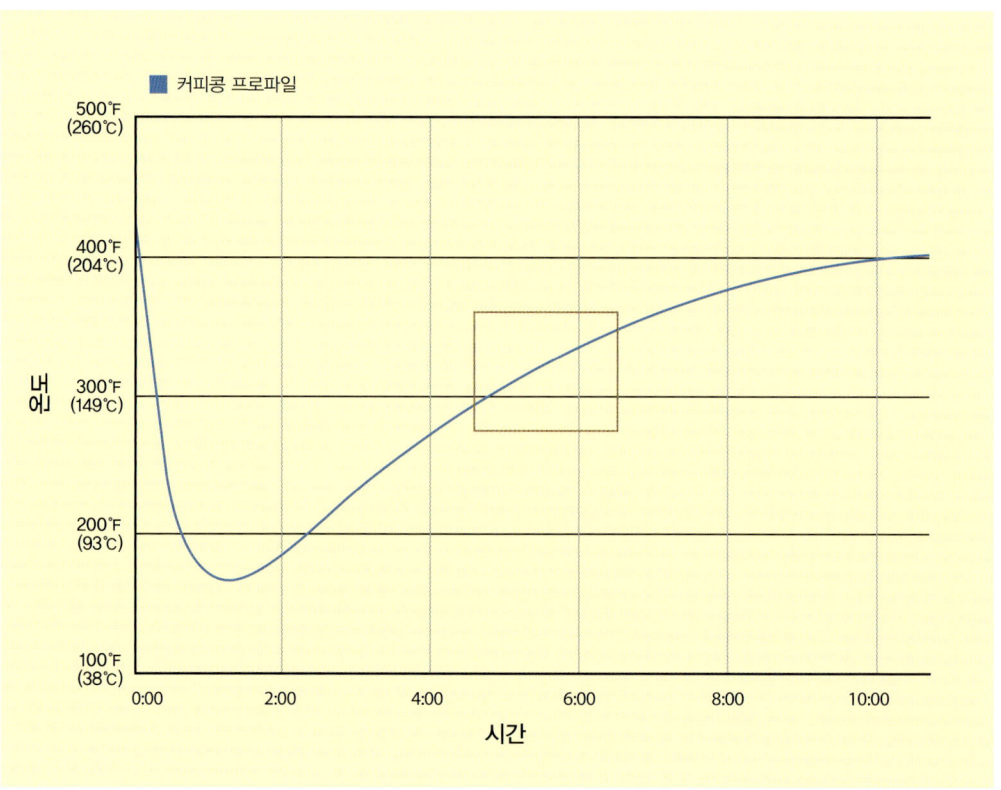

위 온도 곡선의 박스 구간은 다음 페이지의 A, B그래프에서 상세 표현된다.

이제 다음 페이지에서 두 가지 시나리오를 따라간다고 가정해 보자. 이 두 그래프에서 시작점과 끝나는 점의 커피콩 외부 온도는 동일하다. 그러나 그래프 A에서는 로스팅 곡선이 지속적으로 상승세가 둔화되는 반면, 그래프 B는 온도 상승률이 일정함을 알 수 있다. 그래프 A

---

* 1차, 2차 크랙 시기에 온도 상승률이 가파르게 올라가는 것은 발열 단계를 나타내는 것이기도 하다.

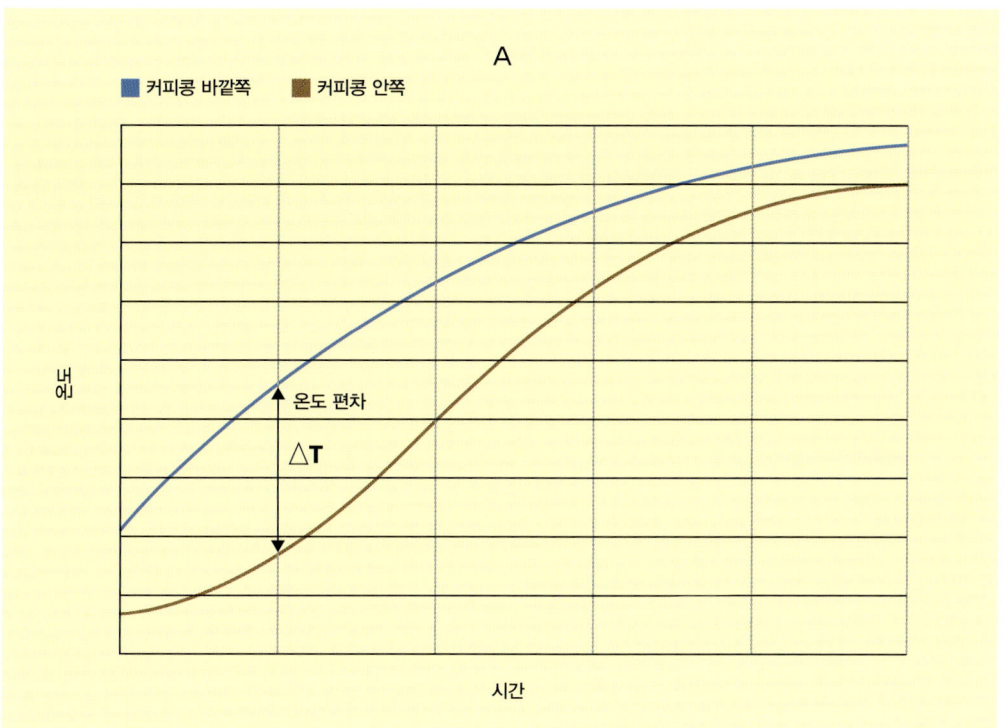

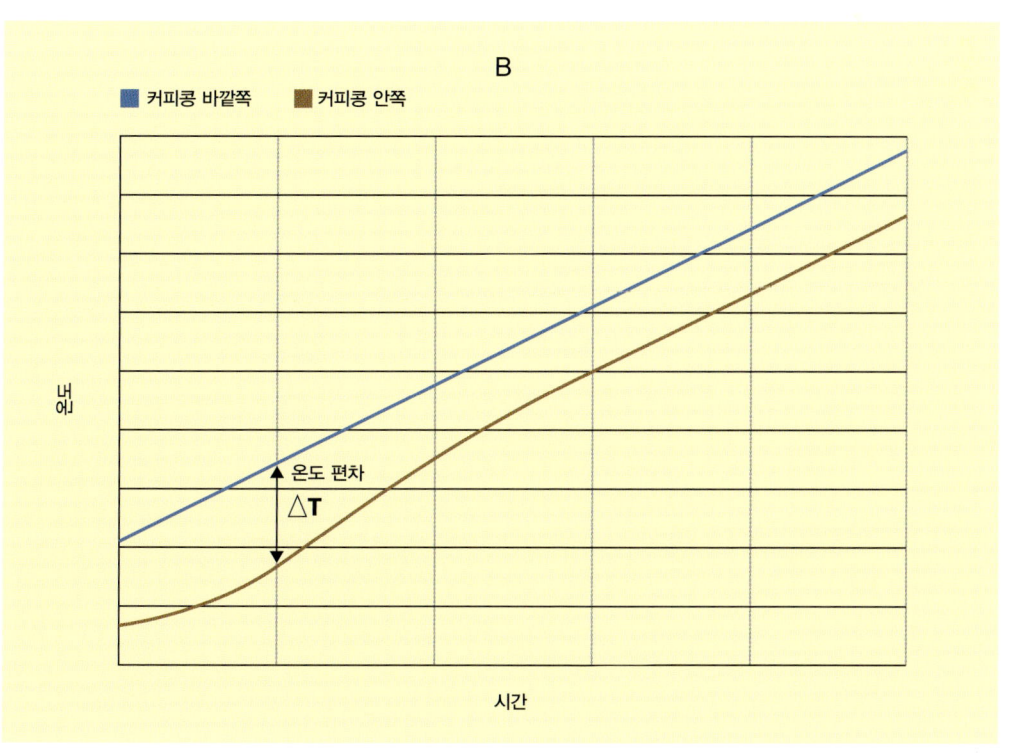

는 온도 편차가 크기 때문에 그래프 B보다 커피콩 내부 발현이 더 많이 일어난다. 이런 그래프가 로스팅 전체에 걸쳐 이어진다고 생각해 보면, 결국 온도 상승세가 지속적으로 둔화되어야 커피콩의 발현이 최대화된다는 것을 알 수 있다.(물론 이에 관해서는 몇 가지 논쟁거리, 기술적인 예외사항이 있다고 본다. 그러나 이런 내용들은 지금 이 책에서 다루는 범위를 넘어서는 것이다. 지금 강조하고자 하는 것은, 로스터는 로스팅 과정 전반에 걸쳐 온도 상승률을 지속적으로 떨어뜨리는 것을 목표로 잡아야 한다는 것이다.)

III. 1차 크랙은 전체 로스팅 과정의 75-80% 선에서 오게 하라

나는 경험을 통해 1차 크랙*이 시작할 때부터 로스팅이 끝날 때까지의 시간이 전체 로스팅 시간의 20-25%가 되어야 한다는 것을 깨달았다. 다른 말로 하면, 1차 크랙은 전체 로스팅 시간의 75-80% 선에서 시작되어야 한다. 개인적으로는 이 최적 시작점 범위는 더 좁을 것이며, 로스팅 정도가 달라도 차이는 소폭이리라 확신한다. 다만 이를 뒷받침할 자료는 아직 충분히 모으지 못했다.

1차 크랙이 전체 로스팅 시간의 75% 선 이전에 시작된다면 플랫한 커피맛이 나올 것이다. 반대로 전체 로스팅 시간의 80%가 넘는 시점에서 1차 크랙이 시작된다면 커피콩의 발현은 불충분할 것이다.

대부분의 로스터들은 '발현 시간'이라는 것을 남아 있는 로스팅 곡선과는 별개로 두고 조정하는 것 같다. 그러나 이렇게 접근하면 커피가 베이크드해지거나 제대로 발현되지 않는다. 발현 시간에 초점을 맞추지 말고 전체 로스팅 곡선 중의 비율에 맞춰 로스팅 곡선의 마지막 단계를 조정해 볼 것을 권한다. 위에서 언급한 비례가 유용하다는 것을 경험을 통해 느끼면 좋겠다. 더불어 로스터들이 "발현 시간"이란 말보다는 "발현 시간 비율" 같은 용어를 사용했으면 한다.

---

* 내가 생각하는 1차 크랙 시작은 커피콩이 뛰는 소리가 하나 둘 분명하게 들리기 시작할 때이다.

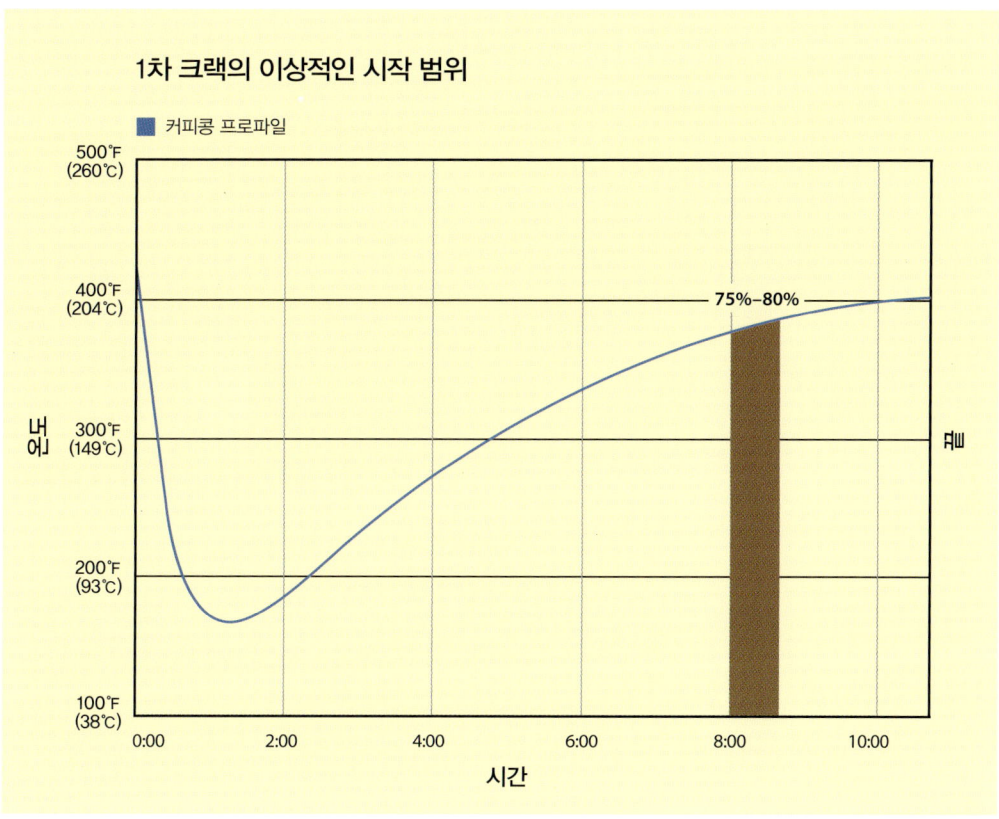

1차 크랙의 이상적인 시작 범위

■ 커피콩 프로파일

온도

500°F
(260°C)

400°F
(204°C)   75%–80%

300°F
(149°C)

200°F
(93°C)

100°F
(38°C)

0:00   2:00   4:00   6:00   8:00   10:00

시간

1차 크랙은 그래프의 음영 구간에서 시작하는 것이 이상적이다.

11

일관성
마스터하기

에스프레소에서 '신의 샷(God shot)' 한 잔 만들어 내기가 쉽지 않듯, 대부분의 로스팅 업체는 간혹 훌륭한 로스트 배치를 생산하고도 지속적으로 재연하지는 못하는 것 같다. 로스터의 열에너지, 생두의 온도와 습도, 대기 환경, 굴뚝 청결도 등 모든 변수들은 결탁이라도 하듯이 로스팅의 일관성을 저해한다. 이 장에서 나는 이런 요소들이 미치는 영향을 줄이거나 이들을 제어하는 법에 대해 귀띔하려고 한다. 다음 권고 사항을 충실하게 따른다면 일관성 향상에 도움이 될 것이다.

로스터 예열하는 법

몇 년 전 컵 오브 엑설런스(Cup of Excellence)의 훌륭한 커피들을 커핑할 때의 일이다. 샘플 중 하나는 발현이 너무 안 되었고 또 다른 하나는 발현이 약간 덜 되었다고 느꼈다. 다른 샘플들은 제각각이긴 해도 발현이 잘 되었다. 나는 맛 없던 두 개 샘플이 아마도 그날의 첫 번째와 두 번째 로스팅이지 않을까 추측했었는데, 커핑 주최측에 샘플 로스팅 순서를 물어봤더니 과연 짐작대로였다.

내가 면담했던 로스터들은 모두 로스팅 첫 번째 배치의 품질 관리가 어렵다고 호소했다. 이 문제는 보통 로스터 예열이 충분하지 않기 때문에 발생한다. 대부분의 로스터들은 원하는 온도가 될 때까지 로스터를 데우고 그 온도에서 대략 15-30분간 더 공회전을 한 뒤 첫 배치를 투입한다. 이런 예열 방식은 첫 배치가 뒤쪽 배치에 비해 느린 속도로 진행되도록 만든다.

문제는 온도계가 로스터의 열에너지를 나타내는 데 불충분한 도구라는 것이다.(9장 참조) 차가운 로스터가 데워지면, 온도계는 로스터 내 공기 온도를 측정해 로스팅 가능 온도가 되었다고 알려 줄 것이다. 그러나 정작 로스터 몸체는 아직 드럼 내 공기보다는 훨씬 덜 데워진 상태이다. 이때 커피를 투입하면 로스터 몸체가 로스팅 과정 중의 열을 흡수하기에 커피콩으로 가야 할 열전달이 줄어든다. 몇 배치를 돌리고 나야 비로소 로스터 몸체가 열에너지 평형을 이루고 이후부터는 제대로 된 상호 열 교환이 이루어진다.

첫 배치를 안정화시키는 방법 한 가지는, 예열할 때 로스터를 과열시켰다가 정상 로스팅 온도 수준에서 안정화하는 것이다. 아직까지 로스터의 열에너지를 측정하는 정확하고 실용적인 방법은 없다. 다만 로스터는 아래 소개한 실험 과정을 통해 로스터의 열에너지가 평형을 이루게 하는 프로토콜을 만들 수 있다. 로스터는 첫 배치를 투입하기 전 반드시 이 프로토콜을 적용해야 한다.

효율적인 로스터 예열 프로토콜을 만들기 위해 다음과 같은 절차를 권한다.

1. 공기흐름은 로스팅 중 적용할 평균치로 해 둔다.
2. 가스는 중-강 정도로 잡고, 온도계 수치가 원하는 투입 온도 대비 28℃ 더 높게 될 때까지 예열한다.
3. 이 온도에서 20분간 공회전한다.
4. 가스를 줄여 온도가 천천히 내려가게 한다.
5. 투입 온도까지 내려가면 그 온도에서 다시 10분간 공회전한다.
6. 첫 번째 배치를 투입한다.
7. 그날 진행할 작업에 적용할 세팅 그대로 첫 번째 배치를 로스팅한다.
8. 첫 번째 배치와 이어서 작업한 배치를 비교해 본다. 첫 번째 배치가 의도한 것보다 빠르게 로스팅됐으면 다음 번 예열시 최고 온도를 조금 낮춘다. 로스팅이 의도보다 천천히 진행됐다면 예열 최고 온도를 더 올린다.
9. 첫 번째 배치와 이후 배치가 완전히 동일해질 때까지 8번 작업을 반복한다.

배치 간 프로토콜

각 배치 사이의 프로토콜은 예열 프로토콜만큼 중요하다. 다음 번 배치를 시작하기 전, 로스터의 열에너지를 원하는 수준으로 "초기화"하고 매 배치마다 동일한 절차를 따라야 한다.

다음 내용을 배치 간 프로토콜로 제시한다. 물론 각 로스터의 사양에 따라서 자유롭게 수정할 수 있다. 수정할 때마다 타이머로 항상 시간을 기록하는 것을 잊어서는 안 된다.

1. 공기흐름은 로스팅 중 적용할 최저치로 설정한다.
2. 앞 배치 원두를 배출한 후 1분 정도 버너를 꺼 둔다. 그 다음 가스압을 조절해 60-90초 만에 온도계 수치가 원하는 투입 온도가 되게끔 맞춘다.
3. 투입 온도에 도달하면 1분간 공회전한다.
4. 다음 번 배치를 투입한다.

예열 프로토콜과 배치 간 프로토콜은 배치별 작업을 체계적으로 진행하도록 도와 줄 것이다. 물론 완벽하게 일관적인 로스트 결과물이 나오려면 이 프로토콜을 각 작업장별로 맞춰야 한다.

하지만 몇 가지 실험만 거친다면 누구나 이들 프로토콜을 통해 의도했던 대로, 배치 간 로스팅 시간 편차가 많아야 5-10초 미만인, 동일한 프로파일을 따르는 로스팅을 할 수 있을 것이다.

배치 간 일관성을 높일 수 있는 다른 팁

배치 투입 전, 로스터의 열에너지 초기화를 어렵게 만드는 몇몇 요소들이 있다. 배치 용량 편차, 대기 온도, 앞서 로스팅한 커피의 배전도 등이다. 열에너지 초기화 작업에 더해 몇 가지 성공전략을 공개한다.

- 배치별 로스팅 양은 늘 동일하게 한다. 이것이 불가능하다면 용량이 동일한 배치를 다 볶은 후 용량이 다른 배치를 볶는다.
- 소용량 배치를 먼저, 대용량 배치는 나중에 볶는다.
- 과도한 다크 로스트 또는 과도한 라이트 로스트로 볶을 경우, 그리고 기온이 극단적으로 높거나 낮은 경우에는 배치 간 프로토콜을 수정한다. 다크 로스트 커피를 배출한 로스터나 기온이 높은 환경에서 로스팅한 로스팅 머신은 더 뜨거우므로 배치 사이 불을 꺼 두는 시간을 늘리는 방식으로 조정한다.

생두 저장과 일관성

생두를 항온 항습 조건에서 보관하는 것이 좋다는 주장에 반대하는 이가 있을지 모르겠다. 물론 저장 환경이 일정하지 않아도 로스팅을 잘한다면 훌륭한 원두를 생산할 수 있다. 그러나 저장 조건이 좋으면 매번 일관성 있는 로스팅이 나올 가능성이 훨씬 높아진다. 가능한 한 환경조건을 제어할 수 있는 곳에 모든 생두를 보관할 것을 권한다. 그렇게 하기가 어렵거나 돈이 많이 든다면, 최소한 '준비실' 정도는 갖추길 바란다. 비용이 많이 들지 않는 곳에 공간을 만들어 항온기능이 있는 히터로 온도를 일정하게 맞춘 뒤에 다음 주 볶을 생두만 보관해 두는 것이다. 생두가 밀봉 포장된(진공 포장 또는 그레인프로 등) 경우 온도 관리만 해 주면 된다. 마대 포장 등으로 대기에 노출된 상태라면 온도와 습도 모두 관리해야 한다. 생두를 장기 보관할 때 수분 공급을 한다면 곰팡이 발생 여부를 체크해야 한다. 곰팡이 발생을 막기 위해 가끔씩 쌓여 있는 포대 자리를 바꿔 줄 필요도 있다.

대기 조건

로스팅 작업실 안팎의 대기가 만들어 내는 변수들은 어쩔 수 없는 현실이다. 로스팅 작업실의 대기 조건을 관리하려고 애쓰기보다는 로스팅 시 커피콩 온도 프로파일에 초점을 맞추고,

그 프로필을 유지하는 데 필요한 조건들을 관리하는 것이 낫다. 바깥 날씨가 춥거나 건조한 경우, 소위 굴뚝 효과로 인해 굴뚝으로 공기가 더 강하게 빨려 나가는데 이로 인해 로스터 내의 공기흐름이 빨라질 수 있다. 그러므로 로스터는 배기 팬이나 댐퍼를 조절해서 공기흐름을 일정하게 유지해 줘야한다. 로스팅 작업실 내 공기가 차가우면 버너로 공급되는 연료와의 공기 배합이 달라진다.(유입되는 공기가 차가울수록 단위 부피당 함유 산소량이 더 많아진다.) 이 경우 로스터는 의도한 열전달을 유지할 수 있도록 로스팅 머신을 조정해 줘야 한다.

굴뚝 청소

로스팅 작업을 하면 배기 덕트부터 굴뚝에 이르기까지 크레오소트, 커피 기름, 기타 고형 폐기물들이 달라붙는데, 이런 것들이 축적되면 장애물이 되어 공기흐름을 막는다. 때문에 자주 연통 내부를 긁어서 이물질들을 제거해야 공기흐름을 원래대로 유지할 수 있고 나아가 굴뚝에서 화재가 발생할 위험을 줄일 수 있다.

굴뚝 청소는 로스팅 물량과 배전도에 따라 계획을 짜서 진행한다. 다크 로스트를 많이 했다면 더 자주 청소해야 한다. 정확히 어떤 주기로 해야 한다고 말하긴 어렵지만, 최소한 200시간마다 한 번 정도는 해 주는 것이 좋다. 애프터버너를 사용한다면 하강기류가 발생하기 때문에 거의 청소할 필요가 없다.

여러 종류의 배치 물량 다루기

로스터가 각 로스트 변수에 대한 조정법을 안다면 양이 다른 배치를 처리하는 일은 그렇게 어렵지 않다. 주된 문제는 일정 수준 이하의 양을 볶을 때 온도계가 커피콩 더미 안으로 충분히 잠기지 않기 때문에 정확도가 훨씬 떨어진다는 것이다. 로스터는 언제 온도계를 신뢰할 수 있는지 그리고 언제 믿으면 안 되는지를 알아야 한다. 그 외 고려할 것으로는 적은 양을 볶을 경우에 공기흐름과 드럼 회전 속도를 줄이고 투입 온도를 내리고 가스 세팅도 줄여야 한다는 것이다.

투입량과 상관 없이 커피콩의 온도 프로파일을 동일하게 유지한다는 말은 참 솔깃하다. 이론상으로는 가능하다. 그러나 실제로 모든 커피 배치를 동일한 프로파일로 볶으려면 로스터의 첫 열에너지도 정밀하게 조정해야 하고 가스 세팅도 그에 따라 미세하게 바꾸어 주어야 하는데, 이는 거의 불가능하다. 각 배치량마다 고유한 프로파일을 만들어 그에 따르는 것이 훨씬 더 현명한 일이다.(참고 : 용량이 달라도 완전히 똑같은 온도 프로파일을 적용할 수 있다고 믿는 로스터들이 많다. 그러나 이들 로스터의 온도계가 로스팅 첫 2분간을 좀 더 정확하게 읽어낼 수 있다면, 그것만으로도 예전에는 몰랐던 편차가 존재한다는 것을 깨닫게 될 것이다.)

12 측정 결과

일관성 있는 로스팅 결과물을 만들어 내려면 결과물을 측정해야 한다. 매 배치마다 커피콩의 온도를 재고, 무게 감소량을 재야 하며, 굴절계를 써서 발현 정도를 살펴야 한다. 이 측정 기구들은 입수하기 쉽고 사용도 간편하다. 이것들을 사용해야 한다. 예외는 없다.

커피콩 온도계에 대한 모든 것

커피콩의 온도를 재는 온도계는 로스팅 중 사용하는 도구 중에서 가장 중요한 측정도구다. 그런데 커피콩 온도계 수치는 항상 커피콩의 온도를 따라가는 것이고, 커피콩 더미 안에서 커피콩의 표면 온도 평균값을 근사치로 나타낼 뿐이다. 게다가 측정된 온도가 로스터마다 동일한 것도 아니다. 1차 크랙에서 나타나는 온도값이 로스터에 따라 11℃ 정도 차이 나는 경우도 있다. 그렇다 해도 둘 다 제대로 작동하는 것이다.

온도계 고르기

RTD 온도계(Resistance Temperature Device)나 열전대(thermocouple)온도계를 사용한다. RTD는 온도가 달라지면 탐침봉 금속의 전기 저항이 달라진다는 원리에 기반하는 것으로, 정확도는 높지만 반응이 늦고 비싸며[13] 열전대에 비해 약하다. 열전대는 탐침봉에 두 종류의 금속이 들어 있는데 온도 변화에 따라 발생하는 전압을 측정해 온도를 잰다.

비용과 정확도, 반응성을 조합해 보면, 로스터에는 K형과 J형 열전대를 쓰는 것이 좋다. 또한 탐침봉의 반응성이 좋고 초소형이며 실용적인 sheath diameter 디자인(보호 덮개가 있는 것)을 권장한다.[32] 탐침봉이 너무 가늘면 로스팅 도중 커피콩에 의해 손상될 수 있다. 대형 로스터의 경우에는 반응성이 늦은, 탐침봉이 굵은 것을 써야 한다. 대부분의 소형 로스터에는 3mm 지름이 적당하다.

온도계 설치하기

커피콩 쪽 온도계는 커피콩 더미에 깊이 들어가 가장 정확한 온도 정보를 제공해 줄 수 있어야 한다. 온도계가 공기와 너무 많이 접촉하면 정확도가 떨어진다.

탐침봉은 드럼이 회전하며 만들어 내는 커피콩 더미의 중심부에 설치해야 한다. 로스터를

Lilla 로스터에 달린, 가는 탐침봉

시계 앞면으로 생각하고 드럼이 시계방향으로 돌아간다고 가정하면, 그 중심점은 대개 7–8시 사이(7시에 가깝게), 내부 벽면에서 대략 3–4인치(7–10cm) 안쪽 지점이다. 드럼이 반시계 방향으로 돈다면 4–5시 사이가 될 것이다.

    탐침봉은 지름 대비 최소 6–10배 깊이까지 들어가야 한다.[13] 드럼 날개에 부딪혀서 탐침봉을 똑바로 꽂기 어렵다면, 탐침봉을 구부려 볼 수도 있다.(물론 제조업체에 반드시 확인을 해야 한다.) 다만 절대 손상되지 않도록 한다. 탐침봉을 드럼의 회전 방향으로 구부려 주면 온도계 마모가 덜하다.

무게 감소

커피콩의 색상과 커피콩의 최종 온도는 배전도를 파악하는 데 유용하지만 이 지표들이 커피콩의 내부 발현 정도를 정확하게 보여주지는 못한다. 표면만이 아닌 커피콩 전체의 발현 정도를 알려면 각 배치별로 무게 감소 비율을 계산하는 것이 좋다.

    무게 감소를 측정하려면 로스팅 전후의 커피콩 무게를 재야 한다. 되도록이면 0.01lb 또는 5g 단위로 측정할 수 있는 저울을 쓰는 것이 좋다. 전후의 무게 차이가 무게 감소량이고 이 감소량을 생두의 무게로 나누면 무게 감소비가 나온다.

무게 감소비 계산식

$$\frac{\text{생두 무게} - \text{원두 무게}}{\text{생두 무게}} \quad = \quad \text{무게 감소비 (\%)}$$

무게 감소비를 알면 로스터가 로스팅 중 커피콩의 최심부까지 제대로 열을 집어넣었는지 판별할 수 있다. 예를 들어 원두 색상은 같은데 첫 번째 배치는 무게 감소가 15.0%이고 두 번째 배치는 14.5%였다면, 첫 번째 배치가 발현이 더 잘 된 것이다. 매 배치마다 색상을 동일하게 로스팅한다고 가정하면, 무게 감소 측정으로 로스팅 발현 여부에 대한 유용하고 즉각적인 답을 얻을 수 있을 것이다.

커피콩 종류가 다르다면 무게 감소 비율만 가지고 비교하면 안 된다. 초기 수분 함량은 물론, 그 외 요소들도 다르기 때문이다. 생두 종류가 같아도 각 배치간 수분 함량이 달라지지 않았는지 확인해야 한다. 예를 들어, 11월 초에 케냐 커피가 새로 입고되었을 때 무게 감소비는 14.8%였고, 포대에 든 채 한 달을 더 저장한 뒤 12월 중순에 마지막 배치를 볶았다면, 동일 로스팅 프로파일을 적용했다 해도 이 배치의 무게 감소는 14.0%에 불과할 수도 있다. 어째서냐고? 겨울철에는 춥고 건조한 대기로 인해 보관 중 생두 수분이 빠지기 때문이다.

배전도 측정

커피의 배전도 측정 기기는 종류가 다양하다. 일반적으로는 측정 접시에 원두 샘플을 담아 기기에 집어넣으면 배전도를 수치로 보여준다. 그 다음, 샘플을 분쇄해 다시 수치를 읽는다. 원두 상태에서의 수치와 원두를 분쇄했을 때 측정한 수치가 서로 다르다면 그것은 "분산" 정도에 차이가 있기 때문이다. 분산 폭이 좁을수록 원두가 더 균일하게 볶아졌다는 뜻이다.

경험상으로, 일부 기기에서는 샘플 작업을 제대로 하지 않으면 값이 달리 나온다. 예전에 기기를 다루어 본 경험이 있는 로스터 두 명이 같은 배치에서 샘플을 꺼내 같은 기기에서 측정했는데도 값이 다르게 나온 적이 몇 번 있다. 즉, 분쇄 크기라든가 샘플 표면의 고른 정도 차이가 배전도 수치에 영향을 미친다.

어떤 요인이 이런 편차들을 가져오는지 모두 다 알 수는 없다. 다만, 경험자들 사이에서도 값이 뒤죽박죽이라면 기계의 신뢰도를 의심할 수밖에 없다. 불안정한 수치, 기기 구매에 들어가는 비용, 측정을 위해 소비되는 커피가루 등을 감안하면, 최종 배출 온도와 외관(색상과 외부 모습) 및 무게 감소 수치를 보고 배전도를 측정하는 것이 낫다고 본다.

굴절계를 사용한 발현 여부 확인

특정 커피의 추출 능력은 로스팅 발현 정도에 따라 달라진다. 발현이 불충분하면 커피콩의 용해도와 추출은 제한된다. 예를 들어, 똑같은 커피 두 배치를 동일한 색상으로 로스팅한 뒤, 동일한 추출 조건(온도, 시간, 사용한 커피 무게, 추출된 샷 무게 등)으로 각각 에스프레소를 뽑았다고 가정해 보자. 첫 번째 배치는 추출 수율이 19%로 일정하게 나오는데 비해 두 번째 배치는 수율이 16.5%로 나온다면, 첫 번째 배치가 두 번째 배치보다 커피콩의 발현이 더 잘 된 것이다. 이렇게 로스팅 발현을 객관적으로 입증하는 데 굴절계를 쓰는 것이다.

커피 굴절계는 최근 고안된 어떤 발명품보다도 더, 커피 품질에 큰 영향을 미쳤다.

13 샘플 로스팅

대형 로스터를 이용하는 로스팅에 적용되는 모든 원칙은 샘플 로스팅에도 적용된다. 소규모 로스터들 중에 양산용 로스팅으로 만든 원두보다 샘플 로스터로 로스팅한 원두가 더 낫다고 하는 이가 많다. 이는 놀라운 이야기가 아닌데, 볶는 양 대비 가스 출력은 샘플 로스터가 더 높아 커피콩 발현이 상대적으로 더 잘 일어나기 때문이다. 다만, 샘플 로스터는 제어 장치가 기초적인 수준이라 일관성을 확보하기가 어렵다.

구형 샘플 로스터의 경우, 제어할 수 있는 것은 가스압과 배기 두 가지뿐이다. 이런 로스터를 사용했을 때 최선의 결과를 얻으려면 다음과 같은 절차를 따르는 것이 좋다 :

1. 드럼에 커피를 투입하기 전 드럼 온도를 210-216℃ 사이로 일정하게 유지한다.
2. 커피를 투입한다. 가스압은 그대로 유지한다.

샘플 로스팅

3. 1차 크랙이 일어나기 30초 전쯤 가스압을 40% 정도 내린다. 그 결과 로스팅이 너무 빨리(8분 미만) 또는 너무 늦게(13분 초과, 샘플 로스터의 경우 이 정도는 늦은 것이다.) 끝나면, 로스팅 전 안정화 온도를 바꿔 본다.

4. 로스팅 시간은 9-11분으로 맞추는 것을 목표로 한다.

비교적 단순해 보이는 전략이지만, 로스팅 중 로스터가 참조할 수치나 제어할 방안이 부족하다는 것을 감안하면 이 정도만 지켜도 놀랍도록 훌륭한 결과물을 안정적으로 얻어낼 수 있다.

이상적으로는, 샘플 로스터에도 커피콩의 온도를 재는 온도계를 달아야 한다. 하지만 샘플 로스터는 신뢰할 만한 온도값을 얻을 수 있을 만큼 충분하게 커피콩 더미 속에 탐침봉을 파묻기 어렵다. 샘플 로스터에 가스 압력계가 달려 있지 않다면 하나 달아 두는 것이 좋다. 알맞은 제어 수단(커피콩의 온도를 재는 온도계, 공기 온도를 재는 온도계, 가스 압력계 등)을 갖추면 비록 샘플 로스터라 로스팅 프로파일이 빠르다곤 해도 상용 로스터만큼 정확한 로스팅을 할 수 있다.

6기통 샘플 로스터

14   커핑

커핑(커피 음료의 관능 평가)은 체계적이면서 어느 정도 표준화된 커피 평가 방법이다. 커핑은 특별한 도구가 필요하지 않고 재연하기 쉬우며, 그라인더와 뜨거운 물만 있으면 에티오피아 농부건 뉴욕 바리스타건 누구나 할 수 있다. 커퍼(커핑하는 사람)는 여러 샘플들을 소량 추출해 단시간 안에 서로 비교한다.

커핑

커핑 방법

아래 내용은 표준 커핑 절차를 효과적으로 수행하는 방법을 제시한다. 세부 내용 일부는 바꿀 수 있겠지만, 어떤 추출 방법을 쓰건 각각의 샘플은 개별적으로 다뤄야 한다.

준비물 : 뜨거운 물을 담는 주전자, 175~300ml 용량의 커핑용 사발 또는 유리잔, 커핑용 스푼, 커피를 뱉을 컵(커퍼 숫자만큼), 커핑 양식 또는 연습장, 타이머, 그라인더, 그램 단위를 잴

수 있는 저울, 스푼을 헹구기 위한 컵 몇 개.

1. 필요량보다 여유 있게 물을 준비해 주전자에 끓인다.

2. 5-6종씩 커핑한다. 세션당 샘플 수는 이 이상으로 늘리지 않는 것이 좋다.*

3. 커피 10.0g**을 분쇄해 용량이 235-295ml 정도 되는 입이 넓은 잔에 담는다. 분쇄 크기는 중간-가늘게 정도로 일반적인 핸드 드립용 분쇄 크기이다. 목표한 추출 수율에 도달하는지 확인할 수 있도록 굴절계를 사용할 것을 권한다.

4. 각 샘플의 가루 향을 확인한다. 휘발성이 가장 높은 향들, 즉 끓는점이 가장 낮은 향이 dry aroma를 구성한다. 이 향의 강도는 로스팅 및 그라인딩의 신선도를 나타낸다.

5. 물이 끓으면 주전자 뚜껑을 열고 96℃ 정도로 식힌 다음 물을 붓는다.(통상 45-60초 걸리지만, 주전자가 크면 이보다 더 걸린다.)

6. 저울로 첫 번째 잔 무게를 잰다.

7. 타이머 시작 스위치를 누른다.

8. 물 170g을 컵의 커피가루가 잘 섞이도록 붓는다.(작은 잔을 사용할 때는 커피가루 7g에 물 120g을 붓는다.)

9. 잔 수면에 가까이 코를 대고 향을 맡는다. 이때 커피가 지닌 대부분의 향이 나타나니 놓치지 말아야 한다.

10. 재빨리 다른 잔에도 물을 부은 다음 잠시 기다렸다가 각각의 향을 맡는다.

11. 4분이 지나면 물을 부은 순서에 따라 잔마다 커피가루 표면을 가볍게 저어 "덮고 있는 것들을 깨뜨려" 준다. 커핑 스푼을 반쯤 담근 다음, 스푼으로 뭉친 것을 잘 저어 주면서 코를 수면 가까이 갖다 대어서는, 깨뜨릴 때 나오는 향을 맡는다.

12. 커피가루 표면을 저어 주면서 천천히 그리고 깊이 향을 들이마신다. 이런 방법으로 향을 맡는 것이 짧은 호흡으로 맡는 것보다 아로마를 더 잘 느낄 수 있다.[33] 맡은 향을 기록한다.

13. 커피가루 표면을 모두 저어 준 후에는 표면에 떠 있는 가루, 거품, 기름을 걷어낸다. 스푼 두 개를 함께 사용하는 것이 효과적이다.

---

* 어떤 경우에는 6종 이상의 샘플들을 한꺼번에 커핑해야 할 때도 있다. 하지만 가능하면 그 이하로 샘플 수를 조절하는 것이 좋다. 많은 컵들을 계속해서 맛보다 보면 미각이 민감도를 잃는 "맛 순응" 현상에 빠지기 쉽기 때문이다.

** 요즘 정밀도 0.01g인 저울을 20달러면 쉽게 구할 수 있다. 커핑할 때 가루 무게를 재는 데 사용하는 것이 좋다. 정밀도가 이보다 큰 저울을 사용하면 컵간 차이가 많이 발생할 수 있다.

14. 관능 검사는 9분째에 시작한다. 커핑스푼을 수면 바로 아래까지 넣어 커피를 담은 후 입술로 가져가 힘차게 빨아들여 커피가 입안 전체에 퍼지게 한다.(커피가 좀 더 식기를 기다리는 커퍼가 많은데 가능한 가장 높은 온도에서 맛보기를 권한다. 그래도 시작한 지 9분은 지나야 한다. 여러 온도 시점에서 커피를 맛보는 것이 좋다.)

15. 커피의 향, 마우스필(입안 느낌), 향미 및 다른 느낌들에 집중한다. 기록한다.

16. 커피를 뱉는다. 맛봐야 하는 커피 종류가 많지 않다면 때로는 한두 스푼 삼켜볼 수도 있다. 이렇게 하면 비후 후각(뒤쪽에서 넘어오는 향의 느낌)[33]이 커지고 입안 깊은 곳에 있는 미뢰까지 커피를 감지할 수 있다.

17. 다음 커피로 이동해 마찬가지로 빨아들이고 뱉어내면서 모든 느낌을 충분히 인식한다. 매번 빨아들일 때마다 입을 헹굴 필요는 없지만, 몇 분 주기로 입을 물로 헹구면 미뢰가 다시 회복되고 입안 감각의 피로를 미연에 방지할 수 있다.

18. 커핑하는 동안 자세하게 기록한다.

19. 몇 분 정도 지나 커피가 미지근해지면 다시 커핑을 시작한다.

20. 약 15-30분 지나 커피 온도가 실온까지 떨어진 뒤 다시 커핑한다. 커피가 식은 뒤 보다 많은 정보가 드러남을 알 수 있다.

커핑에 관하여 권장할 것들

가능하다면 로스팅을 한 다음날 커핑하는 것이 좋다. 커핑은 커퍼가 어떤 커피를 맛볼지 모르는 상태에서 진행한다(블라인드 커핑). 이를 위해서 물을 붓기 전 커피잔 바닥에 표식을 하거나 커핑에 참여하지 않는 사람이 컵을 배열한다. 블라인드 커핑만이 커피를 공평하게 평가할 수 있는 유일한 방법이다. 게다가 블라인드 커핑은 커핑 실력을 쌓고 증진시킬 수 있는 가장 효과적인 방법이다.

커핑에서 모든 커피 샘플들을 똑같이 다뤄야 한다는 것은 가장 중요한 규칙이다. 즉 모든 커피는 동일한 분쇄 조건에 같은 무게를 담아 같은 양의 물을 부어야 하고 우려 내는 시간 등이 같아야 한다. 커핑 준비 과정이 완벽해야 커핑에서 느꼈던 차이들이 인위적인 변수 때문이 아니라 샘플 자체의 성분 차이 때문이라는 것을 확신할 수 있다. 단지 물을 조금 더 많이 넣었다는 것만으로도(이런 일은 얼마든지 일어날 수 있다. 각 컵의 무게를 재어 보면 쉽게 알 수 있다.) 추출 정도와 그로 인한 향미 및 바디 차이가 뚜렷이 나타날 수 있다

분쇄 정도나 생두 품종, 로스팅 프로파일, 추출 온도 등 여러 변수들 가운데 한 가지에 변화를 주었을 때 맛에 어떤 영향을 미치는지 커핑으로 확인해 볼 수 있다. 음료에서 나타난 차이가 오직 그 한 가지 변수뿐이라면, 그 커핑은 의미 있고 유용한 정보를 제공해 줄 것이다.

저어 줄 때가 되었음

압박감이 심한 블라인드 커핑

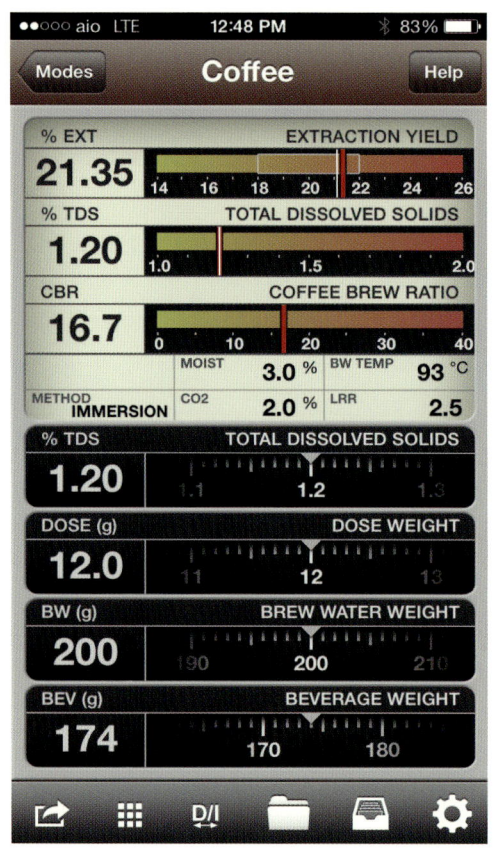

최근 커핑에서의 추출 측정

Babinski 심판의 스코어 시트

　커핑 추출 수율을 일반적인 음료 추출과 맞추고자 할 경우 굴절계를 쓸 것을 권한다. 예를 들어, 당신이 에스프레소와 드립 추출한 음료로 20% 추출 수율을 사용한다면, 커핑 또한 추출 수율을 20%로 맞추어야 한다. 그렇지만 실제로는 원하는 추출 수율보다 조금 농도를 낮춰 커핑하는 것이 좋다. 농도가 1.15-1.35% 정도일 경우, 바디는 보다 정확히 감지할 수 있지만, 고급 향미를 선명하게 느끼려면 희석하는 것이 낫다. 여러 전문가들은 보다 진하게 마시길 좋아하지만 농도가 높아질수록 커피의 미묘한 향미를 감지하기 어려워진다. 나에게 커핑은 즐거움을 극대화하는 작업이라기보다는 커피 분석 능력을 최적화하는 작업이다.(물론 커핑 때도 즐겁길 바란다.)

커핑의 단계들

커핑의 각 단계들은 샘플에 대한 다양한 관점을 제공한다. 모든 단계들을 최대한 활용해 커피가 가진 정보를 최대한 얻어내도록 한다.

건조 상태의 향기(Dry Aroma-fragrance)

적시지 않은 상태의 커피가루에서 나는 향으로 해당 샘플이 너무 많이 로스팅되었는지, 로스팅 중 공기흐름이 충분치 않았는지를 판별할 수 있다. 이 프래그런스에서는 커피의 화사한 향미와 과일 느낌을 느낄 수 있고, 묵은 느낌, 발효, 미성숙 체리의 느낌 등이 감지된다.

아로마(Wet Aroma)

물이 커피가루에 닿자마자 가능한 빨리 향을 맡는 것이 좋다. 향미 방출은 온도와 관련이 있는데, 가장 온도가 높을 때 방출하는 향 또한 가장 많다. 그리고 커피가 충분히 발현되지 않았다면 이 순간이 그것을 판별하기에 가장 좋은 기회다. 이때 느껴지는 향기가 짭짤하거나 풋내가 난다면 발현이 충분하지 않은 것이다.

뜨거울 때 맛본다

커피를 빨아들일 때 예의범절은 버려야 한다. 커핑에서는 큰 소리로 빨아들이는 것이 최고다.(예전 어떤 공개 커핑 행사에 커핑 전문가가 아닌 양 참석한 적 있었는데, 나도 모르게 큰 소리로 빨아들이는 바람에 신분이 들통난 적이 있다.) 커피를 입안으로 힘차게 빨아 들이면 커피가 분무되면서 코까지 전달되는 아로마의 양과 속도가 증가해서 맛을 더 잘 느낄 수 있다.

커피를 머금은 상태에서도 코로 느끼는 감각은 상당하다. 혀가 느낄 수 있는 것은 쓴맛, 신맛, 단맛, 짠맛, 우마미(감칠맛) 다섯 가지뿐이지만 코는 수십억 분의 일 정도의 낮은 농도로 분포하는 향미조차도 수천 가지씩 구분해 낼 수 있다. 커피는 종류마다 수백 가지 휘발성 향미 성분으로 이루어진 고유한 향미 체계를 갖추고 있다. 비슷해 보이는 커피라도 커퍼가 들이마셔 구분해 낼 수 있는 것은 이런 특유의 향미 조합 때문이다. 혀로 맛보는 미각이 아니라, 뒤쪽에서부터 올라오는 후각이 커핑에서의 주된 감각을 이룬다.

식었을 때 맛본다

커피는 식었을 때보다 뜨거울 때 더 신맛이 난다. 뜨거울 때 커핑하면 산미, 화사함, 단맛, 밸런스 등을 잘 평가할 수 있다. 그러나 신맛은 마치 안개처럼 여러 미묘한 느낌들을 가려 버린다. 커피가 식어 산미가 줄어들면, 다른 품질 요소, 특히 생두의 결점이라든가 로스팅에 의한 영향이 보다 명료하게 나타난다.

커핑 결과를 해석하는 방법

이 책은 로스팅에 관한 것이지 생두 평가에 관한 책은 아니다. 생두 분석에 관한 논의는 이 책의 범주를 넘어서는 것이고, 솔직하게 말하자면 내가 잘 아는 분야도 아니다. 여기서는 로스팅 프로파일 상의 요소들이 커핑 테이블에서 어떻게 나타나는지에만 집중할 것이다. 이를 위해 커퍼에게 요구되는 것은 생두의 고유 성향을 나타내는 음료 특성과 로스팅 곡선상의 인위적 변수에 의한 특성을 구분하는 능력이다. 이를 갖추기 위해서는 폭넓은 경험과 함께 숙련된 로스터에게 교육을 받아야 한다.

커피 음료의 모든 향미는 결국 커피의 생두 화학과 로스팅의 조합으로 만들어진 것이다. 그러나 실용적인 목적에서 보다 큰 영향을 주는 일부 음료 속성을 따로 구분해 볼 수 있다. 예를 들어, 커피가 짭짤하거나 풋내가 나고, 베이크드하거나 타고 매캐한 느낌이 난다면 이는 로스팅이 잘못되었기 때문이라고 보는 것이 합리적이다. 로스팅은 또한 신맛, 단맛, 카라멜, 쓴단맛 사이의 균형에도 큰 영향을 미친다. 다른 한편으로, 생두 고유의 특성 때문에 라즈베리, 라벤더, 흙내와 같은 특유의 향미가 나타날 수 있다. 논쟁의 여지는 있지만, 로스팅을 약하게 하면 커피콩 고유의 특성을 보다 많이 확인할 수 있다.

다음 표는 로스팅이 잘못되었을 경우 나타나는 일반적인 음료 특성과 그 개선 방법을 나타낸 것이다.

커퍼마다 품질 표현에 사용한 용어가 다를 수 있기에, 위에서 언급한 향미 표현은 다소 차이가 있을 수 있다. 다만 독자 여러분이 표 내용을 참조해 권장하는 대로 실험한다면 더 큰 의미를 얻을 수 있을 것이다.

위 향미 특성과 개선 방법이 처음 접하는 것이라면, Roast Defect Training Kit을 www.scottrao.com에서 구해보는 것도 고려해 보길 바란다.

표에서 나타난 권장사항은 다음과 같이 활용하기 바란다: 약하게 로스팅한 케냐 커피를 커핑하는데, 맛에서 레몬, 블루베리, 풋내, 종이 느낌, 매캐함이 느껴졌고 원하는 정도에 비해 신맛이 약간 더 많았다고 가정해 보자. 이 경우 나는 레몬, 블루베리는 커피 고유의 특성으로, 풋내, 종이 느낌, 매캐함은 로스팅 특성으로 구분할 것이다. 풋내는 향미를 조금 더 발현시킬 여지가 있었다는 것이고, 나아가 조금 더 발현시킬 경우 과도한 산미도 줄어들 것이다. 매캐하다는 것은 공기흐름이 좀 더 세져야 한다는 것을 의미하며, 종이 느낌은 온도 상승률 곡선이 수평으로 진행되있음을 의미한다.

위에서 나타난 로스팅 문제 해결법으로는 다음과 같이 할 것을 권장한다.

• 커피콩 발현을 위해서 더 높은 온도에서 투입하고 초기 화력 공급을 높인다.

- 매캐함을 없애려면 특히 로스팅 후반 1/3 부분에서 공기흐름량을 높인다.
- 온도 상승률 곡선이 완만하게 내려가고 베이크드가 발생하지 않도록 가스 세팅을 바꾼다.

향미	의미하는 것	적절한 처치법
짭짤함 Savory, brothy	발현이 많이 덜 되었음	더 뜨거운 상태에서 투입하거나 로스팅 첫 수 분 동안 가스 공급량을 늘려 로스팅 곡선의 초기 단계 경사도를 크게 높여 준다. 전체 과정 중 80%선 이전에 1차 크랙이 오도록 한다.
풋내 Grassy	발현이 약간 덜 되었음	로스팅 곡선의 초기 단계 경사도를 약간 높여 준다. 전체 과정 중 80% 선 이전에 1차 크랙이 오도록 한다.
시큼함 Sour, underripe fruit	커피콩 내부가 발현은 되었지만 너무 약하게 발현되었음	로스팅 곡선의 초기 단계 경사도를 살짝 높여 주거나 배전도를 살짝 높여 줘야 하는 상황이다. 과소 추출에서도 신맛이 날 수 있으므로 커핑시 추출 수율이 19%를 넘는지도 확인한다. 전체 과정 중 80%선 이전에 1차 크랙이 오도록 한다.
종이, 지푸라기 Paper, cardboard, straw	베이크드	로스팅 진행이 매끄럽게 흘러가도록 한다. 온도 상승률 곡선이 평행하게 가거나 심지어는 떨어지거나 하는 일이 없도록 한다.
매캐함 Smoky(다크 로스트가 아닌 경우)	로스팅 후반부 공기흐름이 불충분함	특히 전체 로스팅 과정의 후반 1/3 부분에서 공기흐름을 늘린다.
눅눅한 곡물 Soggy cereal	공기흐름이 불충분했거나 온도 상승률 곡선이 꺾인 상태	로스팅의 처음과 중간 단계에서 공기흐름을 확인한다. 공기흐름이 적절하다면 온도상승곡선을 보다 매끄럽게 만들어 준다. 가스 공급량이 안정적이도록, 출렁거리지 않도록 한다.(압력계가 필요하다.)
그슬림 Char	드럼이 과열되어 탔음	로스팅을 보다 천천히 진행한다. 또는 가스압 최고치를 내리고, 그것에 맞추어 로스팅 곡선을 만든다.
매우 쓰고, 자극적, 매캐함 Bile, tangy, smoky	공기흐름이 불충분함	공기흐름을 높인다.(경험적으로 이런 향미 표현은 재순환 로스터에서, 그리고 배전도가 낮고 공기흐름이 매우 약한 상황에서 자주 나타난다. 배전도가 강해지면 이런 향미가 smoky로 변한다.)
쓴단맛 Bittersweet	약간 과하게 로스팅됨	이 맛을 의도했다면 상관 없다. 원하지 않았다면 보다 약하게 로스팅한다.
톡 쏨 acrid	명백히 과하게 로스팅됨	보다 약하게 로스팅한다. 로스팅 후반부에 공기흐름이 적절한지도 확인한다.
탄화됨 Carbonized	말도 안될 정도로 과하게 로스팅됨	훨씬 더 약하게 로스팅한다. 맛 감별력을 기를 필요가 있다. 어쩌면, 로스팅이 적성에 안 맞는 것일 수도 있다.

15

로스팅,
브루잉, 추출

어느 정도가 알맞은 로스팅일까? 이 질문에는 대답할 수 없다. 다만 로스팅 발현과 커피 추출에 있어 완숙한 경지에 다다른다면, 아마도 좀 더 약한 로스팅을 선호하게 되지 않을까 한다. 로스팅 발현이 제대로 되지 않고 추출이 불완전하면 커피에서 대개 날카롭고 시큼한 맛이 나게 되는데, 로스터들은 이런 맛을 누그러뜨리기 위해 더 강한 로스팅을 하게 된다. 그러나 강하게 볶으면 좋지 않은 향미가 줄어들긴 하겠지만, 단맛과 향미도 함께 줄어들 뿐만 아니라 무게 손실도 커진다. 이번 장에서는 로스터들이 약배전을 잘할 수 있도록 돕는 것을 목표로 한다. 로스팅 발현을 분별하고 추출 문제를 확인하는 법을 배움으로써 이 목표를 달성할 수 있다.

로스팅 발현 확인

라이트 로스트일수록 커피콩의 중심부까지 충분히 발현시키기는 것은 어려운 일이다. 그러다 보니 대개는 맛을 내기 위해 강한 로스팅을 선택하게 되는 것이다. 그러나 충분한 맛을 내기 위해 자기가 원하는 배전도 안에서 얼마나 더 발현시켜야 하는지를 파악하는 것이 필요하지 무작정 더 강하게 볶아서 향미 발현 부족을 덮어버리는 것은 바람직하지 않다.*

　로스팅 발현을 확인하고 수정하고자 한다면, 특히 추출 수율이 지속적으로 19%를 넘지 못한다면, 향미 발현이 잘 된 '대조군' 커피를 구매해 비교해 보는 것이 좋다. 하지만 소위 제3의 물결에 속하는 로스터들 중 유명 업체의 약배전 커피는 제외하자. 매번 꾸준하게 발현이 제대로 된 커피를 내어놓는 곳이 별로 없다. 대신 – 커피 굴절계를 만들어 낸 VST 사의 Vince Fedele 가 귀띔한 정보이기도 한데 – 일리(Illy) 사의 라이트-미디엄 로스트 제품을 구매하자. 일리 사가 쓰는 생두나 로스팅 정도는 입맛에 맞지 않을 수도 있겠지만, 향미 발현은 확실하다.(물론 발현이 잘 된 다른 커피도 있을 것이다. 정보를 공유하고 싶다면, 내 이메일인 scottrao@gmail.com로 알려주기 바란다.) 당신이 볶은 커피는 대조군 커피와 비교했을 때 추출 수율이 비슷해야 한다. 다만

---

* 나는 약배전 그 자체를 변호하는 것은 아니다. 특정 배전도에서 최대한 발현시킬 수 있는 방법을 터득하기 전까지는 약간 더 강하게 볶는 것이 발현을 잘 시키는 길이다. 나는 카라멜 향이 감도는 중배전 커피가 신맛, 풋내, 덜 발현된 느낌의 약로스팅보다 훨씬 더 대중적이라고 믿는다.

아주 약하게 로스팅 된 것으로서 발현이 잘 되어 있는 커피 몇 가지는 대조군에 비해 추출 수율이 몇 퍼센트 정도 낮게 나올 수 있다.

추출 조절

발현이 부족하다면 더 강하게 볶게 된다. 그런데 고질적인 과소 추출도 배전도 결정에 영향을 미칠 수 있다. 과소 추출된 음료는 대개 시큼한 맛이 나며 이는 특히 에스프레소 추출에서 두드러진다. 과소 추출이 이유라는 것을 모른다면 신맛을 줄이려고 더 강하게 볶거나 1차 크랙 뒤의 로스팅 시간을 늘이는 등 커피를 구워댈 것이다. 알맞은 추출 수율로 음료를 뽑아 배전도를 판단할 수 있을 때 비로소 더 나은 커피를 만들 수 있을 것이다. 배전도 확인이 최적 분쇄 수준에서 이루어지고 있는지를 확인할 때는, 가급적이면 자주 굴절계를 사용하여 추출 수율을 측정하기를 바란다. 그라인더와 날의 예리함에 따라 다르겠지만 대부분의 커피 브루잉에서 이상적인 추출 수율을 19-22%로 잡고 있다. 이에 대해서는 내가 쓴 또 다른 책인 《Espresso Extraction : Measurement and Mastery》(Ebook으로 Amazon.com에서 구매할 수 있다.)를 참조하기 바란다. 이 주제에 관해 보다 심층적으로 논하고 있다.

　실질적 기준점을 제시하자면, 에스프레소를 50%, 즉 커피 무게가 샷 무게의 반인 비율로

나는 앤디의 주방에서 엄청난 에스프레소를 맛본 적 있다.

추출할 때는 최저 19.5%의 수율을 목표로 잡아라. 예를 들어, 커피 18g을 사용하여 샷 36g을 뽑아낸다면, 추출 수율은 19.5% 이상이 되어야 한다.

1:2 추출비에서 통상 수율이 19.5%를 넘지 못한다면, 먼저 로스팅 발현이 적절한지를 확인해야 한다.(대조군 커피와 비교해 보는 것이 좋다.) 로스팅 발현이 잘 되었다고 확신한다면 추출에 사용하는 물이 적합하지 않거나, 분쇄 품질이 좋지 않거나, 추출 기술이 미숙한 것이 원인일 수 있다. 물이 기준 미달일 경우, 예를 들어 TDS 수치가 너무 높은 물 또는 경수를 연수화시켜 만든 물은 용매로 적당하지 않기 때문에 추출 수율을 제약할 수 있다. 그라인더가 좋지 않으면 분쇄 입자의 분포도 나빠지는데 이 또한 추출에 영향을 미친다. 동일한 로스팅 배치에서 샷을 뽑았는데 추출 수율이 일정하게 나오지 않는다면 아마도 추출 기술이 좋지 않은 것이 원인일 것이다.

에스프레소용 로스팅

대다수 로스터들은 에스프레소용 커피를 더 강하게 볶는다. 에스프레소 음료 대부분은 우유를 섞어 만든다는 것을 감안하면 이는 충분히 이해할 수 있다. 약배전 커피로는 여러 온스 용량의 우유와 균형을 맞출 만한 힘이 없고, 있다 해도 맛이 너무 시어 우유 향미를 보완해 주지 못하는 경우가 많다. 에스프레소용으로 로스팅할 때에는, 특히 우유를 넣은 음료를 만들기 위해 샷을 뽑을 때는 배전도를 높이는 외에 다른 조정을 할 필요는 없다고 본다.

어떤 음료를 목표로 하건 로스팅은 최대한 발현을 시킨 상태에서 단맛과 신맛의 바람직한 균형을 창출해 내는 것을 목표로 해야 한다. 이 책에서 서술한 로스팅 권장 사항을 따라 제대로 에스프레소를 추출한다면, 에스프레소용(우유를 넣지 않고 제공)으로 선호하는 로스팅이 필터용 커피 혹은 여타 브루잉 방식용 로스팅과 동일하거나 거의 비슷하다는 것을 알아챌 것이다.

앞 장에서 언급한 것처럼, 발현이 형편없고 추출 수율이 좋지 않으면 로스팅에 있어 잘못된 결정들을 하게 된다. 에스프레소 세계에 커피 굴절계가 등장하기 전인 20여 년 동안 스페셜티 커피 세계를 장악했던 유행은 약배전과 리스트레토 스타일의 에스프레소였다. 진취적인 로스터일수록 약배전을 추구했고 그와 함께 덜 발현된 커피가 넘쳐났다. 동시에, 소위 제3의 물결로 알려진 가게에서 판매하던 리스트레토 스타일의 에스프레소는 과소 추출을 표준으로 통하게 만들었다.*

---

* 여기에는 두 가지 주목할 만한 예외가 존재한다. 우선 노르딕 로스터들이다. 그들은 언제나 뛰어난 실력으로 약배전을 해왔다. 다른 하나는 이탈리아 로스터들이다. 이들은 언제나 조금 더 강하게 로스팅 해왔고 합리적인 수준으로 커피를 추출했다. 이 두 그룹은 과소 추출과 과소 발현이라는 두 트렌드에 전혀 휘말리지 않았다.

커피 굴절계가 나오면서 로스터와 바리스타는 객관적으로 추출 수율을 측정할 수 있게 되었고, 제3의 물결을 주름 잡던 과소 추출된 리스트레토 또한 거의 사라졌다. 이제 로스터에게 남은 다음 단계는 효과적인 로스팅 발현 방법을 잘 이해하는 것이다. 나의 바람은 이 책에 실린 정보, 특히 10장의 3계명이 커피콩 발현에 도움이 되었으면 하는 것이다.

블렌딩

요즘은 단일 산지 커피를 쓰는 경향이 있지만, 역사적으로는 여러 가지 종류의 커피를 섞어서 음료를 만드는 것이 일반적이었다. 블렌딩을 하면 한 종류의 커피콩에서는 나오지 않는 특유의 향미 프로파일을 만들 수 있고 이를 일정하게 유지할 수 있다. 가격이나 재고, 향미에 맞춰 커피를 바꿔 쓸 수 있으며, 블렌드 명칭을 이용해서 마케팅에 투자할 수 있다. 지지하는 측은 이런 점에서 블렌딩이 일관성을 높여 준다고 주장하지만, 그저 돈을 아끼거나 소비자를 현혹시키기 위한 방법일 뿐이라고 보는 이들도 있다. 한 예로, 코나산 커피를 단 10%만 섞어도 코나 블렌드라는 이름을 붙일 수 있다.

블렌딩 또한, 로스팅이 일정하지 않거나 생두 품질이나 향미가 연중 계속 달라지고 수확한 커피 품질에 편차가 있으면 본질적으로 작업이 어려워진다. 단순히 공식을 따라 섞기에는 유동적인 변수가 너무 많다. 나는 맛에 기반해 블렌딩할 것을 권하지만 이 또한 결과물이 완벽하게 일정할 수는 없다.

한편, 로스터들은 로스팅 전 블렌딩(사전 블렌딩)과 로스팅 후 블렌딩(사후 블렌딩)에 대해서도 토론하곤 한다. 나는 두 가지 모두 제대로만 한다면 훌륭한 결과물이 나올 수 있다고 믿는다. 다만 취향상 로스팅 후 블렌딩을 선호한다.

로스팅 후 블렌딩에 대해서는 다음과 같은 사항을 권장한다.

1. 블렌드로 쓸 수 있는 후보들 모두를 커핑하되 비교적 많은 양을 측정한다. 물 320g에 커피 20g 정도를 써서 추출한다.
2. 빈 컵에 각 후보들마다 시험해 보고 싶은 비율로 스푼 단위로 떠 담는다. 예를 들어 세 가지 후보를 동일 비율로 섞은 경우를 평가하고 싶다면 각 후보마다 한 스푼씩 액체를 떠서 담으면 된다. 50/25/25 비율이라면 하나는 두 스푼, 나머지 둘은 한 스푼씩 떠 담는다.
3. 맛을 보고 다음 과정을 반복하면서 원하는 방향으로 비율을 고친다.
4. 블렌드가 정해지면 통상 쓰는 방식으로 추출해서 커핑으로 확인한다.

로스팅 전 블렌딩을 할 경우 다음 사항을 모두 지키는 것이 좋다.

- 로스팅 작업 며칠 전에 생두를 섞어 수분 함량이 평형을 이루도록 한다.
- 크기와 밀도가 유사한 커피만 사용한다.
- 가공방식이 동일한 커피만 사용한다.(예를 들어, 수세식은 수세식끼리, 건식은 건식끼리)

16

원두 보관

갓 볶은 커피에는 이산화탄소를 비롯한 가스가 무게비로 약 2% 들어 있다. 커피콩 내에는 이 가스로 인한 압력이 있으며 그 결과 가스는 로스팅 후 수 주 넘어서까지 천천히 방출된다. 로스팅 후 첫 12시간까지는 내부압 덕택에 산소가 커피콩 구조 안으로 들어올 수 없다. 그 뒤로는 산화가 진행되면서 묵은내가 나고 향미가 나빠진다.

커피콩의 가스 함량, 내압, 가스가 빠지는 정도는 모두 로스팅 방식에 따라 달라진다. 강배전으로 볶으면 가스가 더 많이 발생하고 내부 압력도 커지고 세포 구조 또한 더 팽창하면서 구멍이 많이 생긴다. 이로 인해 가스 방출은 더 빨라지고 로스팅 후 품질 저하도 빨리 일어난다. 나는 원두 커피의 보관 기간을 늘리기 위해 로스팅 스타일을 바꿔야 한다고는 생각하지 않는다. 다만 강배전 커피가 약배전 커피보다 더 빨리 가스가 빠지고 품질 저하도 더 빠르다는 것만큼은 알아둬야 한다고 생각한다.

로스팅 발현 정도 또한 가스 방출률에 영향을 끼친다. 커피콩이 덜 발현된 경우 섬유소 골격이 더 튼튼하고 구멍이 적기 때문에 내부 공간에 가스를 더 많이 잡아둘 수 있다. 그러므로 원두 포장에서 나오는 기체 양이 현저하게 적다면 발현이 덜 되었다고 볼 수 있다.

원두 보관 방법으로 다음과 같은 것이 있다. 이들은 각각 장단점이 있다.

- 미봉인 용기
- 밸브 달린 포장
- 밸브 달린 포장으로 진공밀봉
- 밸브 달린 포장으로 질소충전
- 밀봉 포장
- 가압용기에 질소충전
- 냉동

미봉인 용기 : 따로 봉인 장치가 없는 포장 또는 공기가 들어찬 용기(뚜껑 달린 바구니 등)에 커피를 담으면 품질 저하가 빨리 온다. 로스팅 후 2-3일 내 소비하는 것이 바람직하다.

밸브 달린 포장 : 원웨이 밸브가 달린 포장은 스페셜티 커피 산업에서 표준으로 사용된다. 이런 포장에서는 가스가 방출될 수는 있지만 밖에서 들어올 수는 없다. 이런 포장에 담긴 커피는 2주 정도 신선함을 유지할 수 있다. 수 주일 지나서 드러나는 가장 큰 변화라면 이산화탄소와 향미가 줄어든다는 것이다. 특히 이산화탄소 감소는 에스프레소 추출에서 크레마 부족 현상으로 뚜렷이 나타날 것이다.

밸브 달린 포장으로 진공밀봉 : 진공밀봉으로 포장하면 커피의 산화가 크게 줄어들고 향미 저하도 천천히 일어난다.

밸브 달린 포장에 신흥 로스터리 가게의 커피가 담겨 있다.

밸브 달린 포장으로 질소충전 : 질소를 채워 넣으면 산화 가능성이 거의 0%에 가까워진다. 다만 밸브 포장으로 산화는 줄여주지만 내부의 가스가 빠져나가는 것은 막을 수 없다. 보관 후 수 일 또는 수 주일이 지나 개봉하면 그 이후에 산소를 몰아낼 만큼의 가스압이 없기 때문에 갓 볶은 커피보다 훨씬 빨리 품질 저하가 일어난다. 예를 들어, 1주일 보관 후 개봉한다면 개봉 당시에는 신선한 맛이 나겠지만 하루 만에 미봉인 용기에 일주일 담아둔 커피 수준으로 품질이 떨어져 버린다.

밀봉 포장 : 이제는 밀봉 포장을 쓰는 경우는 드물다. 산화는 줄일 수 있겠지만 방출되는 가스 때문에 포장이 부풀어 올라 보관과 취급이 힘들다.

가압용기에 질소충전 : 포장 효율은 가장 높다. 질소가 충전되어 있어서 산화를 막아 주고 용기(대개 캔)에 가압이 되어 있어 가스 방출도 막아 준다. 낮은 온도(차가울수록 좋다.)에 용기를 보관해 두면 품질 저하도 느려지므로 로스팅 후 수 개월 이상 신선함이 유지된다.

냉동 : 이 방식을 미더워하지 않는 이들이 있긴 하지만, 냉동이 장기 보관에 매우 효과적이라는 것은 입증되었다. 산화율은 90% 이상 줄어들고 휘발성 물질의 이동 또한 느려진다. 냉동할 때 갓 볶은 원두 속의 수분에 대해서는 걱정할 필요가 없다. 왜냐하면 이들 수분은 커피 구조에 묶여 있어 얼지 않기 때문이다. 커피를 냉동하는 가장 좋은 방법은 1회분(한 주전자 분량 또는 한 잔 분량)을 Ziploc® 같은 밀봉 포장에 담아 얼리는 것이다. 냉동실에서 포장을 꺼내 커피콩 온도를 실온까지 올린 후 분쇄해 사용한다.

17

로스터
선택법

로스터는 시간을 두고 신중하게 선택해야 한다. 개인적으로는 로스터를 사기 전 숙제를 할 필요가 있다고 본다. 대부분의 소형 로스터들은, 특히 난생 처음으로 로스터를 구매하는 이들은 로스터를 제대로 평가할 만한 지식이나 경험이 없다. 만약 당신이 여기에 해당한다면, 업체 투자 비용 중 가장 큰 부분을 차지하게 될 로스터 선택에 전문가의 조언을 구하는 것이 좋다. 오늘날 시장에 나와 있는 로스터는 대부분 사용하는 커피의 품질이나 일관성의 폭을 제한하지만 판매 대리인들은 그런 사실에 대해 말해 주지 않는다. 그러므로 신중하게 선택해야 한다.

로스터 선택시 고려해야 할 점

로스팅 업체들은 미적 감각, 차지하는 공간, 가격 등 자기만의 필요성과 선호에 따라 로스터를 고른다. 개별 업체 특유의 필요 사항에 맞춰 언급하기는 어렵고 다음과 같은 기술적 권장 사항을 제시하고자 한다.

로스팅 용량

우선, 필요한 로스팅 용량을 결정한다. 다음, 로스터 제조사가 언급한 용량을 시작점으로 삼아 로스터의 버너 출력을 보고 실제 작업 용량을 계산한다. 마지막으로, 로스터마다 열전달 효율성이 다르므로 해당 로스터를 쓰고 있는 이들에게 문의하여 통상적인 배치 용량과 로스팅 시간을 확인하는 것이 좋다. 이 세 가지 정보가 있으면 로스터의 실제 로스팅 용량을 파악하기 쉽다.

구조

아마도 로스터 구조가 커피 품질에 가장 큰 영향을 미칠 것이다. 지금쯤이면 눈치챘겠지만 여기서 추천하는 것은 에너지 효율성이 좋은 순환 장치가 달린 로스터가 아니라 싱글 패스 로스터이다. 또한 간접 가열되는 드럼 즉 2중 드럼이 일반적인 직접 가열식 드럼보다 좋다. 2중 드럼 내지는 드럼이 간접적으로 가열되는 형태의 싱글 패스 로스터를 쓰면 좋은 커피를 생산할 확률은 최대한 올라가고, 커피콩 표면이 타거나 연기 때문에 나타나는 향미 손상 문제는 최대한 줄일 수 있다.

벽체가 하나인 강철 드럼

드럼

불길이 드럼을 직접 가열하는 고전적 방식의 드럼 로스터를 구매하려고 한다면 강철제 드럼을 채택한 로스터를 선택하는 것이 좋다. 연식이 오래된 소위 독일제 주조 로스터들의 드럼 재질은 주철이 아니라 강철이다. 이런 유형은 덮개와 바퀴살, 내부 날개는 주철이지만 드럼 자체는 강철이다. 주조 드럼(대만에서 만든 작은 신형 로스터)이 달린 로스터와 철판을 드럼으로 가공한 로스터를 한 대씩 본 적은 있다. 그러나 그 외에 확인한 모든 로스터의 드럼 재질은 강철이었다.

대부분의 드럼은 강철로 만들지만 최근 일부 제조업체에서는 스텐레스 스틸제 드럼을 사용한 로스터를 만들기 시작했다. 합리적으로 보이긴 하지만, 나로서는 그런 로스터에 대한 경험이 많지 않아 그 성능에 대해 의견을 제시하기 어렵다. 스텐레스 스틸 드럼은 일반적인 강철 드럼에 비해 열점이 보다 쉽게 나타나겠지만 드럼이 회전한다는 점을 감안하고 두께만 잘 맞춰 준다면 이것은 큰 문제가 되지는 않을 것이다.

공기흐름

공기흐름이 불충분한 로스터는 거의 본 적이 없다. 그러나 공기흐름을 조정하는 장치가 형편없는 로스터는 몇 가지 있다. 배기 팬 속도 조절 장치는 미세하게, 강제 구획 없이 점진적으로 조정할 수 있는 것이 이상적이다. 공기흐름을 미세하게 조정할 수 있으면 로스팅 프로파일이 부드럽게 나올 수 있다. 통상 댐퍼를 수동으로 조작하는 방식의, 세팅값이 2-3개 있는 로스터도 쓸 수는 있지만 한계가 있다. 각 세팅값이 너무 떨어져 있어 로스터가 이를 벌충하기 위해 차선의 세팅값을 선택해야 할 뿐만 아니라, 세팅값을 조절하면서 공기흐름이 크게 달라져 버리면 대류 방식의 열전달률이 좋지 않은 방향으로 훌쩍 뛸 수 있다.

　일부 로스터는 팬 하나로 드럼과 냉각조에 공기를 집어넣는다. 나는 이런 유형들 대부분을 추천하지 않는다. 이런 모델들은 로스팅 과정에서 커피콩을 식히는 동안 드럼 온도를 조정할 수가 없는 데다가, 로스팅과 동시에 냉각을 할 경우 로스팅 초반에 공기흐름을 설정하기가 곤란하다. 이런 로스터는 대부분 전용 냉각팬이 달린 것에 비해 아무래도 힘이 딸려 커피콩이 너무 천천히 식는다.

수동 댐퍼 방식은 공기흐름을 적절하게 조정하기에는 한계가 있다.

로스팅이 끝난 원두는 4분 내로 실온까지 식혀야 한다. 로스터의 냉각 성능을 한번 시험해 보길 바란다. 빨리 식힐 수 있으면 베이크드한 맛이 나는 것을 막을 수 있고 단맛 손실을 피할 수 있으며 로스팅을 끝내는 지점을 보다 정확하게 잡을 수 있다.

가스 조절

로스터는 충분한 가스압이 들어와야 하지만 그보다도 더 중요한 것은 구간별 증감이 아니라 연속적으로 가스압을 조정할 수 있는가 하는 것이다. 30kg 이상 용량의 로스터는 거의 대부분 연속적 가스압 조절이 가능한 데 비해 소형 로스터들은 단계별 증감 내지는 2-3단계의 가스압 세팅만 가능한 경우가 많다. 연속식 가스압 조절 방식은 로스팅 용량에 관계 없이 원하는 로스팅을 할 수 있는 유연성을 훨씬 높여 준다. 나는 몇몇 로스터 제조업체에게 대형 로스터에는 연속식 가스 세팅이 가능하게 한 반면 어째서 소형 로스터에는 단계식 가스 세팅만 가능하도록 했는지 문의한 적이 있는데, 돌아온 답변은 소형 로스터는 "물리적으로 다르다"는 막연한 설명뿐이었다. 현재까지 가스압 세팅에 제한을 두는 것이 어떤 이점이 있는지에 대해 경청할 만한 주장은 나온 바 없다. 그런 종류의 버너 가격이 더 싸기 때문에 제조업체가 소형 로스터 시장에서 가격경쟁력을 갖고자 한 것이 진짜 이유가 아닐까 싶다.

압력계

드럼 회전 속도

여러 가지 로스팅 변수 제어 중 가장 중요하지 않은 것이 아마도 드럼 속도 조절일 것이다. 그러나 이 또한 로스팅을 미세 조절하는 데에는 도움이 된다. 로스팅 과정 중 커피콩이 커지는데 이로 인해 드럼 내에서 커피콩이 돌아가는 방식도 달라진다. 커피콩이 커지는 데 비례해서 드럼 속도가 조금씩 빨라지면 커피콩이 균일하게 볶아지는 데 이상적인 환경이 될 것이다. 배치 용량을 다르게 로스팅할 때에도 유용하다.

자료 기록 소프트웨어

오늘날 유능한 로스터들은 완전 수동식에서부터 완전 전자동에 이르기까지 모든 종류의 로스터를 쓰고 있다. 로스팅 기술에 대해 가지는 감정은 차치하고, 나는 최소한 커피콩의 온도를 측정하는 디지털 장치, 공기 온도를 측정하는 디지털 장치, 가스압력계 또는 가스압을 측정하는 장치는 설치하는 것이 좋다고 본다. 자동화 프로파일 소프트웨어를 사용하지 않는다면, Cropster®처럼 로스팅 프로파일을 시간에 따라 추적 기록해 주는 자료 기록 장치를 쓰는 것을 권장한다. 기록 장치는 로스팅 진행 상황과 프로파일의 흐름을 실시간 그래프로 표현해 준다. Cropster에서는 중요한 요소인 상승률 곡선 또한 출력할 수 있다. 이들 프로그램이 로스터를 직접 제어할 수 있는 것은 아니지만 실시간으로 로스팅에 대한 피드백을 얻고 기록을 남기는 데 있어서 현재로서는 최선의 선택이다.

주의할 것은, 구형 로스터에 현대식 기술을 접목시키려 할 때 상당히 머리 아픈 일이 벌어질 수 있다는 것이다. 옛 장치를 꺼내고 그 자리에 디지털 온도계나 솔레노이드 밸브, 가변 모터 등을 집어넣는 일은 돈과 시간이 생각보다 훨씬 많이 필요한 일이다. 가격 면에서 배보다 배꼽이 더 큰 경우도 드물지 않다. 그렇게까지 할 필요가 없다고 생각하면 그냥 신형 로스터 하나를 새로 사는 편이 낫다

자동화 프로파일 소프트웨어

데이터 로거가 로스팅 상황을 기록만 할 뿐 로스터를 제어하지는 못하는 반면, 자동화 프로파일 소프트웨어는 기록하는 동시에 이를 피드백하여 로스팅을 제어할 수 있다. 이런 프로그램들은 로스팅 중 가스압과 공기흐름을 제어해 설정한 로스팅 프로파일을 따라가도록 되어 있다. 실제 로스팅이 설정된 프로파일 곡선에서 벗어날 때마다 초당 수 회 정도로 조금씩 조정이 가해져 정해진 곡선을 따라가게 한다. 이는 사람이 차를 운전하는 것과 비슷하다. 완벽한 일직선을 그리며 운전할 수는 없겠지만 핸들을 미세 조정하면 어느 정도 직선 방향으로 운전할 수는 있는 것처럼 말이다.

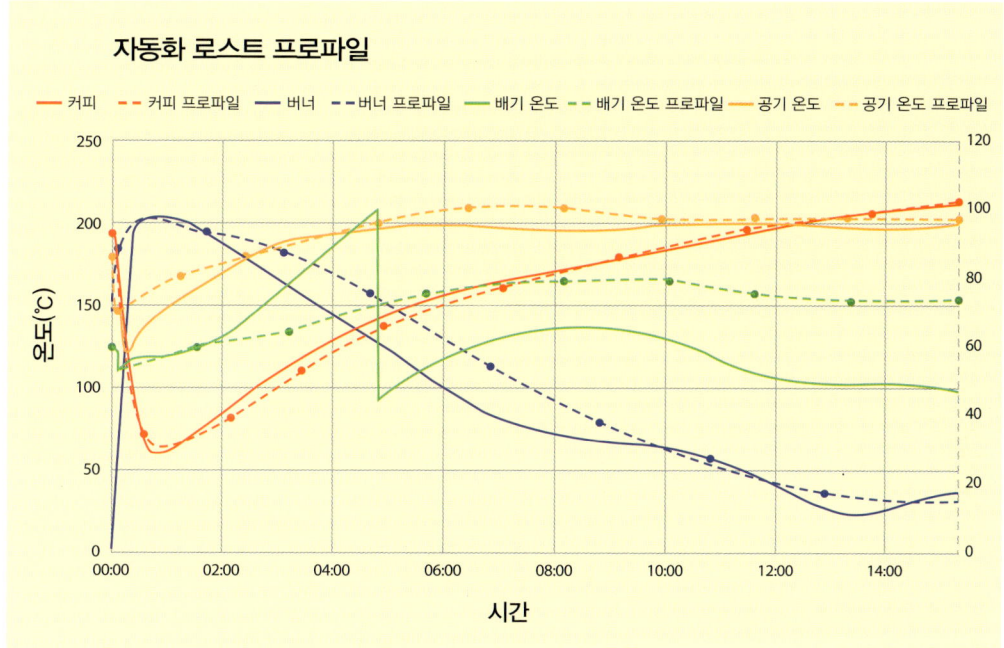

자동화 로스트 프로파일

━ 커피 ╌ 커피 프로파일 ━ 버너 ╌ 버너 프로파일 ━ 배기 온도 ╌ 배기 온도 프로파일 ━ 공기 온도 ╌ 공기 온도 프로파일

위 프로그램은 동종 어떤 프로그램보다도 설정한 로스팅 프로파일을 잘 구현한다. 다만 위 사례에서는 로스팅 프로파일을 따라가기 위해 배기 팬 회전수가 도중에 크게 떨어지는 상황이 나타난다. 대부분의 유사 프로그램 또한 예측 불가능한 상황에서는 이런 극단적인 조정을 하는 것 같다.

이론상으로는 설계가 잘 된 프로그램을 활용해 사람이 하는 것보다 더 균일한 로스팅을 할 수 있다. 그러나 현재 판매되는 대부분의 프로그램은 동일한 로스팅 결과를 재현하는 능력이 떨어진다. 판매하는 측에서 주장하는 내용과는 달리, 기성 프로그램 중에서 매 배치마다 원하는 프로파일에 맞춰 로스팅을 해 주는 제품은 없다. 최소한의 커피 향미를 끌어내기 위해서는 별도로 작업을 해 줘야 한다. 로스팅 도중 조건이 약간만 틀어져도 프로파일을 맞추기 위해 가스압이나 배기팬 속도를 과도하게 조작하는 등 과잉반응하는 경우가 비일비재하다. 이렇게 볶은 커피는 프로파일은 잘 구현했을지 몰라도 음료 맛은 원래 설정했던 프로파일에서 기대했던 것과는 다를 가능성이 매우 높다.

경제적인 여유가 된다면 전체 로스팅 제어가 아닌 부수적인 목적으로 이 프로그램을 구매하는 것은 권할 만하다. 초기 워밍업 단계나 배치 사이, 로스팅 작업이 끝나고 식히는 중에 이런 소프트웨어를 구동하면 로스터가 다른 일을 할 수가 있어 생산성이 높아진다. 소프트웨어 성능에 따라서는 로스팅 일부 과정은 프로그램에 맡길 수도 있어서 작업이 편해질 수도 있다. 과거 진행한 로스팅 작업을 확인하고 이후 작업에 참고할 때에도 유용하게 쓸 수 있다.

애프터버너가 달린 Joper 로스터(스테인레스 스틸제의 애프터버너는 왼편 위쪽에 보인다.)

오염 방지 기기

로스터를 구매할 때 오염 방지 기기가 필요한지 결정해야 한다. 로스터는 대개 애프터버너를 사용하고 일부는 전기 집진기나 습식 세정기를 쓴다.

 커피 로스팅 과정에서는 다양한 오염물질이 방출되고, 이들 중 상당수가 발암성 물질이다. 휘발성 유기물, 알데히드, 질소 화합물, 황 화합물, 일산화탄소 등이 대표적이다. 로스터에서 배출되는 배기 가스 속 입자들은 공해를 유발하며, 그 향은 이웃에 피해를 준다. 소규모 로스터에게 오염 방지 기기 설치를 강제하는 법결은 별로 없지만, 그래도 갖추지 않고 있다가는 매연을 불평하는 이웃과의 문제가 생길 수 있다. 나 또한 첫 로스팅 업체를 운영하면서 길고 고통스러우며 값비싼 법정 투쟁을 벌인 바 있다. 당시 20파운드짜리 로스터로 일주일에 10시간 남짓 돌렸을 뿐인데 말이다. 그래서 로스터를 설치하기 전에 미리 조사를 해서, 지역 자치 단체가 요구하는 사항을 확인하고 이웃이 용인할 수 있는 수준이 어느 정도인지 확인하라고 권하고 싶다. 미리 조금만 조사해 두면 나중에 머리 아플 일이 크게 줄어든다.

 애프터버너는 두 가지가 있다. 하나는 열 산화 방식이고 다른 하나는 촉매 산화 방식이다. 전자는 로스터 배기 가스를 최소 0.4초 동안 섭씨 760℃로 가열한다. 매연과 휘발성 유기물, 기타 냄새를 없애는 데 효과적이지만 연료 소비량이 로스터의 두 배 정도로 엄청나게 높다.

촉매 산화 방식은 휘발성 유기물에 작용하는 귀금속 재질의 촉매를 사용해 이를 이산화탄소와 물로 분해한다. 촉매는 이 분해 작용을 빠르게, 저온에서 일어날 수 있도록 해 준다. 이 방식은 연료 소비량은 적지만 촉매를 주기적으로 바꿔 주고 청소도 자주 해 줘야 배기 흐름이 막히지 않는다. 배기가 안 좋아지면 역압으로 인해 로스터 내 공기흐름이 나빠질 수 있다.

나는 습식 세정기와 전기 집진기, 냄새 흡착용 탄소 알갱이가 들어가는 500리터들이 냄새 흡착통을 오염 방지 기기로 보유 중이다. 세정기와 집진기는 공기에서 작은 입자와 냄새를 없애 주고 탄소 알갱이는 다시 냄새를 흡착한다. 이들 관련해서는 좋았던 기억이 없다. 지금은 기술 수준이 나아졌을지도 모르지만, 당시에 이런 기기는 청소와 유지 관리 작업을 엄청나게 요구할 뿐만 아니라, 공기흐름이 막혀 역압이 불규칙적으로 일어나는 문제가 자주 발생했다. 그리고 애프터버너만큼 효과적이지도 않다. 그러므로 만약 새로 오염 방지 기기를 구매할 계획이라면, 믿을 만한 애프터버너를 사는 것이 낫다고 본다.

마치며

나는 내가 로스팅을 배우면서 경험했던 어려움들을 새로 시작하는 로스터들이 겪지 않았으면 좋겠다는 마음으로 이 책을 썼다. 여기서 언급한 권장사항들은 단순히 틀에 박힌 법칙이 아니라 내가 20년이 넘는 시간 동안 다양한 경험을 통해 터득한 효율적인 방법이다.

커피를 볶는 데에는 정형화된 접근법이 많다. 하지만 현재까지는 체계적인 접근법에 대해 공개적으로 논의가 진행된 적은 별로 없다. 개인적으로 이 책이 논의의 시발점이 되었으면 한다.

용어

고수율 로스터 High-yield roaster 매우 빠른 시간 내에 커피를 볶는 로스터로서 로스팅 중 커피 내 수분과 유기물을 상당량 유지해 줄 수 있다.

굴뚝 효과 Stack effect 밀도차로 인해 굴뚝으로 공기가 빠져나가는 현상

굴절계 Refractometer 용액의 굴절율을 측정하는 장치. 커피액의 굴절율은 밀도와 농도를 직접적으로 나타냄

그레인프로 GrainPro 커피콩과 같은 농산물을 보관하는 데 사용되는 밀봉용 포대 브랜드

다크 로스트 Dark roast 2차 크랙이 시작된 이후 커피콩을 배출하여 매캐하고 쓴맛이 나는 로스팅

대류 Convection 유체의 움직임에 의해 열이 전달됨

덜 발현된 Underdeveloped 로스팅 중 커피콩의 구조가 충분하게 부서지지 않은 상태

드럼 로스터 Drum roaster 내부에서 커피콩이 뒤섞이도록 회전하는 원통 구조의 드럼을 지닌 로스터

라이트 로스트 Light roast 1차 크랙이 끝나기 직전 또는 끝난 직후 배출하는 로스팅 정도로서 시나몬, 시티가 여기에 해당함

로부스타(카네포라) Coffea robusta(Coffea canephora) 사하라 이남 아프리카 기원의 상용 커피나무 품종. 튼튼하게 자라지만 품질은 아라비카보다 낮음. 로부스타는 두 번째로 많이 재배되는 품종이며 카페인 함량이 아라비카 커피의 2배 정도

로스트 프로파일 Roast profile 로스팅 중 커피콩 온도계의 온도 변화를 시각적으로 표현한 것

마대 Burlap 황마 섬유로 짠 천

마우스필 Mouthfeel 음료가 만들어 내는 입안의 촉감

마이야르 반응 Maillard reactions 커피의 갈색 색상과 로스팅 향미를 만들어 내는, 아미노산과 환원당 사이의 화학 반응

맛 Taste 혀에서 느껴지는 향미 성분

미디엄 로스트 Medium roast 2차 크랙이 시작하기 직전 또는 시작 직후 배출하는 로스팅 정도로서 풀시티, 비엔나 로스트가 여기에 해당

미분 Fines 커피콩을 분쇄했을 때 발생하는 미세한 세포벽 잔존물

바디 Body 입안에서 느껴지는 음료의 무게감, 풍부함

발현 Development 볶은 커피콩의 셀룰로스 구조가 부서진 정도

발효 Ferment 미생물의 화학적 분해로 인해 나타나는 결점

베이크드 Baked 커피의 단맛이 떨어지고 김빠진, 종이맛 내지 곡물 느낌의 향미가 나는 로스팅 문제

복사 Radiant 커피 로스팅 중 인접해 있는 물질 사이에서 열이 전달되는 것

비엔나 로스트 Viennese roast 커피콩의 표면에 기름기가 맺히기 시작한 직후에 커피를 배출하는 중강 로스팅

비후 후각 Retronasal olfaction 입을 통해서 향 성분의 냄새를 맡는 것

산미 Acidity 커피의 날카로움, 활기, 신맛, 활력

샘플러 Trowel 로스터 전면에 장착된 작은 스쿱으로 로스팅 중 커피를 샘플할 수 있는 장치

셀룰로스 Cellulose 식물의 세포벽을 구성하는 탄수화물

수분 활성도 Water activity(Aw) 물질의 수증기압을 표준 상태의 물 수증기압으로 나눈 값

순간 흡열현상 Endothermic flash 1차 크랙 중 일어나는 현상으로서 커피콩 내부에서 수증기가 방출되면서 커피콩 표면 온도가 순간적으로 낮아지는 것

스페셜티 커피 Specialty coffee 품질이 높은 아라비카 커피를 사용하는 커피 및 커피 사업에 대한 표현

습식 세정기 Wet scrubber 배기가스를 흘려보낼 때 물을 분무하여 배기가스의 냄새와 입자를 제거하는 장치

시나몬 로스트 Cinnamon roast 상용 로스팅 중 가장 약한 배전도, 1차 크랙 초기에 커피콩을 배출함

시티 로스트 City roast 약로스팅으로 1차 크랙 후반 또는 1차 크랙 직후 로스팅 을 마침

아라비카 Coffea arabica 에티오피아 기원의 상용 커피나무 품종으로 가장 많이 재배되며 품질이 높음

알칼로이드 Alkaloid 유기물, 질소 화합물로서 생리 활성적이고 대개 쓴맛이 남

압력계 Manometer 액체가 흐르는 관에 사용하는 압력 측정 장치

애프터버너 Afterburner 로스터의 배기가스를 가열하여 입자와 냄새를 없애 주는 기기

연속식 로스터 Continuous roaster 시간이 아닌, 축상에서의 위치에 따라 커피콩의 온도가 달라지는 고수율 로스터. 배치식과는 달리 투입과 로스팅 및 배출작업이 쉼 없이 이어짐

열분해 Pyrolysis 온도가 높아 분해되는 것

열 산화기 Thermal oxidizer 애프터버너 참조

온도계 랙 Thermometric lag 열전쌍 장치가 온도를 측정할 때 나타나는 시간 지연

온도 상승률 Rate of rise (ROR) 로스팅 중 커피콩의 온도가 시간 단위로 변화하는 것

온도 편차 Temperature gradient 로스팅 중 커피콩의 내부와 표면 사이의 온도 차이

유기산 Organic acid 신맛 속성의 탄소를 함유한 화합물

유동층 로스터 Fluid-bed roaster 열기류에 커피콩이 떠 있는 상태로 회전하는 드럼이 없는 로스터

2중 드럼 Double drum 수 밀리미터 간격의 2겹 금속 드럼이 있는 로스터

2차 크랙 Second crack 강배전 로스팅 중 커피콩 내부에서 이산화탄소가 방출되면서 크게 터지는 소리가 나는 단계

이탈리안 로스트 Italian roast 상업용으로 가장 강한 로스팅으로서 쓰고, 쏘는, 거친 맛의 커피가 나옴

1차 크랙 First crack 커피콩 내부에서 수증기와 내압 방출로 인해 크게 터지는 듯한 소리가 일어나는, 로스팅 중 나타나는 특유의 과정

전기 집진기 Electrostatic Precipitator 로스터 배기 가스에서 입자를 제거하는 장치로서 패널에 고전압을 걸어 입자를 잡는 원리를 사용하는 것

전도 Conduction 열이 직접적인 접촉에 의해 한 물질에서 다른 물질로 전달되는 것

진공 포장 Vacuum sealing 밀봉 전 공기를 없애는 포장

채프 Chaff 커피씨앗의 껍질 일부, 로스팅 중 커피콩이 팽창할 때 떨어져 배출됨

촉매 산화기 Catalytic oxidizer 애프터버너 중 비교적 낮은 온도에서 로스터 배기 가스를 정화할 때 귀금속 촉매를 사용하는 것

카라멜화 Caramelization 여러 화합물을 만들어 내는 복합적인 당 갈변화 반응

카페인 Caffeine 쓴맛의 자극적인 알칼로이드

커피 로스터 Coffee-roasting machine 커피가 균일하게 볶아지도록 커피콩을 끊임없이 섞어 주면서 열풍으로 열을 커피콩에 전달하게 설계된 커피 전용 오븐

커핑 Cupping 커피를 평가하는 체계적이며 표준화된 방법

크레오소트 Creosote 커피 로스터의 배기 덕트 부분에 축적된, 페놀과 여타 유기 성분이 섞인 갈색 점성 있는 유체

클로로겐산 Chlorogenic acid 커피콩에 높은 농도로 존재하는 항산화 폴리페놀 물질

탄화 Carbonization 열분해를 통해 유기물이 탄소물질이 되는 것

투입 Charge 로스터의 로스팅 공간으로 커피콩을 집어넣는 것

투입 온도 Charge temperature 로스팅 배치가 투입되기 직전 비어 있는 상태의 로스터 내 공기 온도

트리고넬린 Trigonelline 쓴맛을 내는 커피 알칼로이드로서 니코틴산의 메틸베타인

풀시티 로스트 Full city roast 2차 크랙이 시작하기 직전 또는 시작한 직후에 배출하는 중배전 로스팅

프렌치 로스트 French roast 커피콩 표면에 기름기가 배어나오기 시작하면 배출하는 씁슬하면서 달콤한 맛이 나는 강배전 로스팅

향 Aroma 후각 기관에서 탐지되는 품질 요소

향미 Flavor 맛과 향을 가진 성분들이 만들어 내는 복합적 감각

환원당 Reducing sugars 커피 로스팅 중 마이야르 반응에 의해 아미노산과 반응하면서 전자를 잃은 당

휘발성 향미 성분 Volatile aromatic compounds 커피의 향을 이루는 수용성 기체

흡열 Endothermic 열에너지를 흡수하는 반응

참고 문헌

1. Johnson, B.; Standiford, K. and Johnson, W.M. (2008) Practical Heating Technology, 3rd ed. Cengage Learning, Independence, KY. 106-107.

2. Rivera, J. (2005) Alchemy in the roasting lab. Roast. March/April, 32-39.

3. www.coffeechemistry.com/caffeine/caffeine-in-coffee.html

4. Pittia, P.; Nicoli, M.C. and Sacchetti, G. (2007) Effect of moisture and water activity on textural properties of raw and roasted coffee beans. Journal of Texture Studies. 38, 116-134.

5. Petracco, M. (2005) Selected chapters in Espresso Coffee: the Science of Quality, edited by Illy, A. and Viani, R. Elsevier Applied Science, New York, NY.

6. Rivera, J. (2005) Alchemy in the roasting lab, part 2. Roast. May/June, 35-41.

7. Rivera, J. (2008) Under the microscope: the science of coffee roasting. Roast. May/June, 81-90.

8. Schenker, S. (2000) Investigations on the hot air roasting of coffee beans. Swiss Federal Institute of Technology, Zurich.

9. deleted

10. Probat Burns Inc. (2007) Technology with taste. 96th National Coffee Association Convention.

11. Wang, N. (2012) Physiochemical changes of coffee beans during roasting. Masters degree thesis. University of Guelph.

12. Barter, R. (2004) A short introduction to the theory and practice of profile roasting. Tea & Coffee Trade Journal. 68, 34-37.

13. www.teaandcoffee.net/0204/coffee.htm

14. http://www.thefreelibrary.com/_/print/PrintArticle.aspx?id=157587864

15. Ramey; Lambelet. (1982) A calorimetric study of self-heating in coffee and chicory. International Journal of Food Science and Technology. 17; 4, 451-460.

16. Clarke, R. and Vitzthum, O.G. (2001) Coffee: Recent Developments. Blackwell Science, Oxford, UK.

17. Duarte, S.M.; Bare, C.M.; Menezes, H.C.; Santos, M.H. and Gouvea, C.M. (2005) Effect of processing and roasting on the antioxidant activity of coffee brews. Ciência e Tecnologia de Alimentos. April-June, 387-393.

18. Illy, E. (2002) The complexity of coffee. Scientific American. June, 86-91.

19. McGee, H. (2004) On Food and Cooking. Scribner, New York, NY.

20. Lingle, T. (1996) The Coffee Brewing Handbook. Specialty Coffee Association of America, Long Beach, CA.

21. Ahmed, J. and Rahman, M.S. (2012) Handbook of Food Process Design. Wiley & Sons, West Sussex, UK.

22. Farid, M. (2010) Mathematical modeling of food processing. CRC Press, Boca Raton, FL.

23. Fabbri, A.; Cevoli, C.; Alessandrini, L. and Romani, S. (2011) Numerical model of heat and mass transfer during the coffee roasting process. Journal of Food Engineering. 105, 264–269.

24. http://cooking.stackexchange.com/questions/29926/what-temperature-does-the-maillard-reaction-occur

25. Dias, O.; Helena da Silva Brand o, E.; Landucci, F.L.; Koga-Ito, C.Y. and Jorge, A.O.C. (2007) Effects of Coffea arabica on Streptococcus mutans adherence to dental enamel and dentine. Brazilian Journal of Oral Sciences. 6, No. 23 (Oct–Dec), 1438–1441.

26. Adrian, J. and Francine, R. (1991) Synthesis and availability of niacin in roasted coffee. Advances in Medical Biology. 289, 49–59.

27. Farah, A.; Monitor, M.; Donangelo, C.M. and Leafy, S. (2008) Chlorogenic acids from green coffee extract are highly bioavailable in humans. The Journal of Nutrition. 2309–2315.

28. Schwartzberg, H. (2006) Improving industrial measurement of the temperature of roasting coffee beans. Proceedings of the 21st International Conference on Coffee Science.

29. Schwartzberg, H. (2004) Modelling exothermic heat generation during the roasting of coffee. Proceedings of the 21st International Conference on Coffee Science.

30. Eggers, R. and von Blittersdorff, M. (2005) Temperature field during the roasting and cooling of coffee beans. Proceedings of 20th International Conference on Coffee Science.

31. Shannon, K.S. and Butler, B.W. A Review of error associated with thermocouple temperature measurements in fire environments. USDA Forest Service.

32. Personal communication with Henry Schwartzberg.

33. Stuckey, Barb (2012) Taste What You're Missing. Simon & Schuster, New York, NY.

34. Sivetz, M. and Desrosier, N.W. (1979) Coffee Technology. Avi Publishing, Westport, CT.

35. Mateus, M.L.; Rouvet, M.; Gumy, J.C. and Liardon, R. (2007) Interactions of water with roasted and ground coffee in the wetting process investigated by a combination of physical determinations. Journal of Agricultural and Food Chemistry. 55, 2979–2984.

36. Frothier, I. (2014) Measuring water activity in high-end, specialty green coffee. Roast. Jan/Feb.

37. Trugo, L.C. and Marcie, R. (1985) The use of the mass detector for sugar analysis of coffee products. Proceedings of the 11th ASIC Colloquium.

38. Montessori, M.C.; Farah, A.S.; Calado, V. and Trugo, L.C. (2006) Correlation between cup quality and chemical attributes of Brazilian coffee. Analytical, Nutritional, and Clinical Methods. 98, 373–380

저자 스콧 라오(Scott Rao)

스콧 라오는 바리스타, 로스터 겸 컨설턴트로서 커피 가공과 추출에 대해 활발한 저술 활동을 펼쳐 왔습니다.
《The Professional Barista's Handbook》, 《Espresso Extraction》 등을 비롯한 그의 책들은 합리성과 일관성에 기반한 방법 찾기를 통해
커피 산업 종사인 및 커피를 전문적으로 공부하는 이들에게 가장 효율적이면서 실용적인 기술 지식을 제공해 주었습니다.
이 책은 로스팅에 대한 그의 첫 서적인 《The Coffee Roaster's Companion》를 우리말로 옮긴 것입니다.
긴 시행착오를 거쳐 얻어낸 저자의 로스팅 노하우가 이 책을 통해 한국의 커피인들에게 도움이 되길 기대합니다.

역자 최익창

역자 최익창은 대학 시절 스페셜티 커피를 접한 뒤 커피 산업에 관심을 가져 현재까지 커피 산업의 지식 탐구와 보급에 힘써 왔습니다.
네이버 '커피마루'를 통하여 '라오스 커피매뉴얼', '커피가이드', '커피 인사이클로피디아'를 번역 게시하였으며
J.N. Wintgens의 편저 《커피생두 Coffee : Growing, Processing, Sustainable Production》를 우리말로 번역했습니다.
현재 커피리브레의 지식전략부장으로 재직 중입니다.

감수 서필훈

감수자 서필훈은 커피 산지를 직접 다니며 우수한 품질의 커피를 발굴, 국내에 소개하고 있으며 '커피위드페이스'를 비롯
산지의 발전을 위한 여러 지원 프로그램을 운영 중입니다. 현재 커피리브레의 대표를 맡고 있습니다.

커피로스팅
THE COFFEE ROASTER'S COMPANION

초판 1쇄 펴낸날 2015년 11월 11일
초판 8쇄 펴낸날 2023년 8월 28일

지은이	스콧 라오
옮긴이	최익창
펴낸이	서필훈
펴낸곳	(주)커피리브레
신고일	2012년 9월 5일
신고번호	제2012-000286호
주소	서울 마포구 동교로 29길 64, 2층(연남동, 영인빌딩)
전화	02-325-7140
팩스	02-6442-7140
전자우편	choi@coffeelibre.kr
편집	윤은주
디자인	서채홍
마케팅	류현지
관리	홍지선
회계	서승희
인쇄	중앙칼라

ISBN 979-11-954848-1-2